Whippet

Der richtige Hund für Sie?

Whippet

Der richtige Hund für Sie?

Marianne Bunyan

Impressum:

Layout und Umsetzung: Web- und IT-Service Alp Uçkan (http://uckan.info/)
Herstellung und Verlag: Books on Demand GmbH,
22848 Norderstedt

ISBN 3-8334-2507-5

Vorwort

Dieses Buch ist entstanden, weil die Nachfrage nach Whippets steigt und der Interessent einen Ratgeber braucht, der die wichtigsten Infos übersichtlich und in kurzer Form enthält. Wie ist der Whippet, was muss ich beachten, kann ich mir einen solchen Hund überhaupt leisten? Ist es überhaupt der Hund, mit dem ich mir ein langes gemeinsames Zusammenleben vorstellen kann? Ist solch ein Whippet vielleicht zu *langweilig* (oder zu anstrengend) für mich, will ich nicht vielleicht lieber einen Hund haben, der mich ständig *fordert*, bei dem ich es mir zur Aufgabe mache, ihn perfekt auszubilden?

Der erste Teil umfaßt einen kleinen Abriß der Geschichte des Windhundes, allgemeine Einführung in die Hundehaltung mit speziellem Bezug auf die Whippets und den Rassestandard. Kurzgesagt, alles, was dem Interessierten unter den Nägeln brennt.

Im zweiten Teil stellen sich zahlreiche Whippetzüchter mit ihren Hunden selbst vor, sodass Sie schon hier eine erste Vorauswahl treffen könnten. Eine Information über eine Hunderasse ist nur komplett, wenn der Interessent auch gleich Ansprechpartner findet. Deshalb werden Sie in diesem Buch auch eine Reihe organisierter und verantwortungsvoller Züchter finden, wo nicht nur liebevoll, sondern auch nach bestem Wissen und Gewissen nach strengen FCI–Regeln gezüchtet wird. FCI ist die Abkürzung für Fédération Cynologique Internationale und ist der kynologische Weltdachverband mit seinen Nationalen Hundezucht-vereinigungen. Diese Zuchtregeln dienen den Tieren, denn sie verhindern ihre Ausbeutung und sie geben den Käufern Sicherheit und gewährleisten die Rassereinheit.

Allen Whippetzüchtern, die sich an diesem Buch beteiligt haben, danke ich an dieser Stelle für die spontane Bereitschaft und Mitarbeit.
Die wunderschönen Aufnahmen der Whippets in fast allen Lebenslagen,

können einen Eindruck von der Schönheit dieser Hunde vermitteln. Allen Neugieriggewordenen wünsche ich, dass dieses Büchlein sie schlauer macht und eine Hilfe auf dem Weg zum richtigen Hund, und im besten Fall zum Whippet, ist.

Köln, im November 2004

Marianne Bunyan

Teil I

Einleitung

Träumen Sie nicht schon lange davon, auch einen Hund zu besitzen? Immer ist jemand da, der sich freut, wenn er Sie sieht. Die einzige Liebe, die Sie kaufen können, doch auch diese gibt es nicht ohne Gegenleistung. Der Hund läuft nicht so einfach nebenbei mit. Sein Mensch muss lernen, ihn zu verstehen. Diese Mühe sind wir ihm ehrlich gesagt schuldig. Alle so genannten Verhaltensauffälligkeiten, die uns selbst und unsere Umgebung beeinträchtigen, die zu einem irgendwie gearteten *Problem* werden können, resultieren daraus, dass der Besitzer zu wenig über das Verhalten eines Hundes weiß.

Der Hund ist als der *älteste Freund des Menschen* eng mit uns verwoben. Diese Partnerschaft existiert nach neuesten Forschungsergebnissen bereits seit ca. 150000 Jahren und dennoch haben wir es bisher nur wenig verstanden, diesen Freund als das anzunehmen, was er ist: Eine eigenständige Spezies, die es zwar wie keine andere Art versteht, sich dem Menschen anzupassen, aber dennoch immer sie selbst bleibt.

Der Hang zum Hund, wie in einer jüngeren Studie in der *Zeit* zu lesen war, ist anders als bislang angenommen: "Der Hund ist nicht ein Ersatzgeschöpf für Einzelgänger, er soll dem Menschen nicht die fehlende menschliche Wärme ersetzen, sondern er dient vielmehr all jenen als Ergänzung und Bereicherung, die ohnehin offen sind für Kontakte." Das sagt uns also, dass Hundehalter kontaktfreudige Menschen sind und das beweist sich auch täglich immer wieder neu. Wer mit einem Hund unterwegs ist, kommt aus dem Erzählen gar nicht mehr heraus. Wildfremde Menschen tauschen ihre Geschichten aus, erzählen nicht nur von ihrem Hund, von ihrer Familie, den Alltagssorgen,

Krankheiten und Befindlichkeiten, sie geben oft intimste Geheimnisse ihres Seelenlebens preis. Der Hund ist heute so etwas wie ein sozialer Katalysator.
Wenn Hunde gut für uns sind, dann müssen wir auch gut für sie sein, das ist gegenseitiges Geben und Nehmen. Aber leider werden Hunde nur allzuoft ausgebeutet, emotionsbeladen angeschafft und eiskalt wieder abgegeben, sogar ausgesetzt, physisch und psychisch gequält, oft nicht nur werktags 8 bis 10 Stunden allein in der Wohnung eingesperrt und anschließend 10 Minuten Gassi geführt. Viele Hundehalter übernehmen sich ganz einfach, sie sind mit einem Hund überfordert, weil sie keine Zeit haben bzw. ihren Hund nicht überall hin mitnehmen können.

Aber nicht nur der Mangel an Zeit ist ein großes Problem, vor allem auch die falsch verstandene Hundepsyche. Was braucht ein Hund wirklich? Fressen und Gesellschaft, Bewegung, Spiel und Anerkennung. Letzteres beflügelt ihn zu weiteren Leistungen, zu Tricks und zur Arbeit, damit er seinem Herren gefällt. Liebe allein reicht nämlich nicht. Es gibt viele, die *retten* in falsch verstandener Hundeliebe einen nach dem anderen vor dem sicheren Tod oder aus zweifelhaften Verhältnissen. Sie stellen sich mit Hunden zu und können keinem einzelnen mehr so richtig gerecht werden. Und so wird vielleicht aus einst artgerechter Hundehaltung jämmerliche Notverwahrung.

Und hier sind wir gleich beim Thema Tierschutz. Sicher hat Ihnen der eine oder andere schon gesagt, dass Sie nicht richtig handeln, wenn Sie sich einen Hund von einem Züchter holen, wo doch so viele arme Hunde in den Tierheimen sitzen. Gern wird mit dem Finger auf die bösen Züchter gezeigt, die ja nichts Anderes im Sinn haben, als Hunde mit Profit zu verkaufen und so eine Mitschuld am Hundeelend tragen.

Züchter ist nicht gleich Züchter. Seriöse Hundezucht ist definitiv praktischer Tierschutz, denn hier wird vor Ort Aufklärung betrieben und die Besitzer bestmöglich ausgesucht. Kommt ein Hund einmal in Not, wird der Züchter auch wieder zur Stelle sein und helfen. Keiner seiner Hunde wird im Normalfall in einem Tierheim landen! Daher ist der seriöse Züchter der beste Ort, an dem Sie einen Welpen für Ihre Familie und Ihre individuellen Vorstellungen erwerben können. Will sagen: Es sind nicht die seriösen Hundezüchter, die für das Elend verantwortlich sind, es sind jene Menschen ohne Gewissen, ob Halter, die sich eines Tieres entledigen, Hunde sich selbst überlassen oder Welpen bewußt oder unbewußt vermehren, ob Rasse oder Mischling.

Anschaffung eines Hundes

Die Idee, einen Hund bei sich aufzunehmen wird oft zu schnell umgesetzt. Welpen sind ja auch so besonders niedlich und süß. Aber die Welpenzeit ist sehr schnell vorüber und dann ist der Hund erwachsen, nicht mehr niedlich, sondern eine eigene Persönlichkeit. Jeder Hund ist ein Individuum, auch wenn die Verhaltensweisen aller Hunde ähnlich oder gar gleich sind.

Jeder Hund hat dringende Bedürfnisse, die der Besitzer respektieren und befriedigen muss, weil der Hund auf uns angewiesen ist. Er braucht Pflege, Ansprache, Bewegung, Spiel und Versorgung, wenn nötig auch tierärztliche Betreuung und er braucht Gesellschaft. Ein Hund ist ein höchst soziales Lebewesen, das man nicht bei Bedarf herausholen und ansonsten sich selbst überlassen kann.

Ein Hund erfordert viel Zeit, viel Geld, etliche Opfer und das notwendige Wissen darüber, wie ein Hund funktioniert. Das Leben mit einem Hund wird/muß sich so drastisch ändern, als käme ein Kind in die Familie. Es wird Freunde in ihrer Umgebung geben, die Hunde nicht mögen. Ihre Gewohnheiten werden sich ändern müssen, denn Sie haben eine Verantwortung. Sie können nun nicht mehr über Nacht wegbleiben oder nach dem Job zum Sport düsen. Zuhause wartet ein Hund auf Sie! Ein Hund macht auch Dreck und Sie müssen immer, bei Wind und Wetter, morgens wie abends, mit ihm hinaus. Ein Hund kann auch Ärger verursachen und Ihre Einrichtung ruinieren. All das darf für Sie kein Hinderungsgrund sein, sich in den kommenden 15 Jahren! Ihrem Hund gegenüber fair zu verhalten. Sie müssen vom ersten bis zum letzten Tag für ihn sorgen und mit ihm die schönen wie auch die schweren Stunden teilen. Es ist eine Lebens-Beziehung, die Sie eingehen, darüber müssen Sie sich im Klaren sein. Wenn Sie *auf einmal* merken, dass Ihr Hund nun doch mehr von Ihnen erwartet, als Sie belieben zu geben, dann ist das Ihre Verantwortung, aus der Sie sich nicht so einfach herausstehlen können. Ist die Entscheidung getroffen, gibt es kein Zurück mehr. Und in den speziellen Fällen, in denen in der Tat eine Hundehaltung aus individuellen Gründen nicht mehr möglich ist, ist der Kontakt zu seinem Züchter immer die richtige Wahl. Er wird zusammen mit Ihnen oder den Angehörigen eine Lösung finden. Er findet schneller einen neuen guten Platz für den Hund. Deshalb muss kein Hund im Tierheim landen.

Überlegungen vor dem Kauf

Ist die Hundehaltung erlaubt? Wenn ja, bitten Sie Ihren Vermieter vor der Anschaffung um eine schriftliche Erlaubnis. Haben Sie täglich zwei bis drei Stunden Zeit, sich mit Ihrem Hund zu beschäftigen, für Erziehung, Pflege, Spaziergänge, Spiel, Zuwendung und Versorgung? Haben Sie Lust tagtäglich mit Ihrem Hund bei Wind und Wetter unterwegs zu sein? Haben Sie oder Ihre Familienangehörigen eine Allergie gegen Hundehaare? Sind Sie besonders penibel gegen Geruch oder Schmutz, wenn ja, sind Sie gewillt Ihrem Hund nach jedem Spaziergang die vier Pfoten, den Bauch und das Hinterteil abzuduschen und abzutrocknen? Wie sieht Ihre Einrichtung aus und wie würden Sie reagieren, wenn Ihr Hund, besonders der Welpe, Tischbeine annagt, Schuhe zerkaut oder auf den teuren Teppich pinkelt und das zum wiederholten Male? Haben Sie die regelmäßigen Kosten für einen Hund in der Portokasse? Eine ausgewogene Ernährung ist nötig, Spielzeug, Kaubedarf, Versicherung und Steuern, jährliche Impfkosten und ggf. unvorhersehbare Tierarztkosten müssen eingeplant werden. Was machen Sie im Urlaub? Wo können Sie Ihren Hund ggf. im Krankheitsfall unterbringen? Sind sie bereit mit Ihrem Hund in eine Welpenschule, ggf. Hundeschule zu gehen? Macht es Ihnen etwas aus, wenn Sie mehrmals von Hundegegnern wegen Ihres Hundes angefeindet werden? Würden Sie sich bücken und die Hinterlassenschaften Ihres Hundes vom Gehweg wegräumen? Würden Sie Ihren Hund mit ins Bett nehmen? Wären Sie bereit Ihren kranken Hund zu pflegen? Sind Sie bereit und in der Verfassung, ihren Hund nach rassespezifischen Kriterien artgerecht zu halten?

Auswahl der Rasse

Gewöhnlich entscheiden sich Menschen für eine Hunderasse, weil sie ihnen rein optisch gefällt, weil Größe, Farbe, Haarart und eben Aussehen eines Hundes das ist, was Aufmerksamkeit erweckt. Hunderassen, die aktuell häufiger in Erscheinung treten, sei es in Filmen oder auf Werbeplakaten, stehen automatisch im Blickfeld und wecken Interesse. Problematisch kann das Fixieren auf populäre Hunderassen sein, wenn die Nachfrage größer als die "Produktion" ist. Es gibt immer wieder Menschen, die diesen Bedarf erkennen und sich ebenfalls auf die Zucht verlegen und mit dem Züchten einer Moderasse Geld verdienen wollen. Hundezucht erfordert jedoch mehr, als nur die Verpaarung zweier Hunde einer Rasse. Das neue Kaufrecht schützt seit dem 1.1.2002 in Deutschland den Verbraucher, also den Hundekäufer und nimmt Produzenten und auch Züchter in eine Zwei-Jahres-Gewährleistung. Innerhalb der EU wird sich die Haftung immer mehr annähern.

Herausragendes Kriterium seriöser Züchter ist es, die volle Aufmerksamkeit auf mögliche Fehler und Defekte einer Rasse zu richten und zu versuchen, Hunde unter Ausnutzung aller kynologischen Erfahrungen und genetischen Möglichkeiten zu züchten und eine Rasse hinsichtlich ihrer Gesundheit und Funktionalität zu erhalten bzw. verbessern. In Zukunft wird es also nicht mehr so einfach sein, Hunde ohne entsprechende Sachkenntnis oder Verantwortung in die Welt zu setzen. Das wird sich sowohl auf die gesamte Rassehundezucht auswirken als auch die Spreu vom Weizen trennen. Die Früchte sorgloser und unverantwortliche Verpaarungen, die einige bisher ausgenutzt haben und auf den Zug der populären Rassen aufgesprungen sind, kann vor allem bei gesundheitlichen Mängeln teuer zu stehen kommen, sobald der Käufer sich betrogen fühlt und Schadensersatz geltend macht.

Wichtiges Kriterium für den Hundekäufer: Bei allen optischen Reizen und Verlockungen eignet sich nicht jede Hunderasse für Ihre eigenen Verhältnisse. Wer zum Beispiel in einer Kleinraumwohnung auf der 3.Etage wohnt, sollte sich nicht unbedingt einen Hund von der Größe einer Deutschen Dogge oder eines Irischen Wolfshundes zulegen. So ein Riese kann sich in einer 20 m²-Wohnung durchaus wohlfühlen, da sein Schlafplatz wenig Raum einnimmt, aber sobald er wedelt, wird's eng oder er schlägt sich den Schwanz blutig. Wie wollen Sie den Hund im Notfall (angenommen Narkose) in die Wohnung transportieren? Auch eine kleine, sehr bellfreudige Rasse wäre nicht in jeder Wohung geeignet, weil das Anschlagen bei jedem Geräusch den nettesten Nachbarn zum Wahnsinn treibt. Wer sehr bequem oder gar gehbehindert ist, sollte sich keine Rasse aussuchen, die zu den Workoholics zählt und sehr viel Beschäftigung und Bewegung braucht. Jeder Hund braucht Bewegung und seine täglichen Spaziergänge, nicht nur zur körperlichen Ertüchtigung, sondern auch für das psychische Wohlbefinden. Es ist ein großer Unterschied, ob der Hund nach einer halben Stunde oder erst nach drei Stunden ausgelastet ist.

Deshalb sollte man bei der Auswahl der richtigen Rasse folgendermaßen vorgehen. Es gibt über 400 verschiedene Hunderassen, die sich teilweise stark voneinander in Aussehen und Größe unterscheiden. Es gibt für jeden den passenden Hund. Die falsche Wahl ist es oft, die zu Problemen führt. Zuerst notieren Sie die Rassen, die Ihnen am besten gefallen. Dann informieren Sie sich über die Anforderungen, die diese Hunderasse an Sie stellt, über Wesenseigenschaften und rassetypische Verhaltensweisen, Temperament und Pflegeansprüche. Streichen Sie nach und nach die Rasse aus Ihrer Liste, deren Bedürfnisse Sie nicht oder nur unter großen Anstrengungen befriedigen können.

Wie wär's mit einem Whippet?

Überlegen wir mal, ob nicht etwa der Whippet der richtige Hund für Sie wäre. Möchten Sie:

- Einen pflegeleichten, kurzhaarigen Hund?
- Einen freundlichen, gesunden Hund mit Charakter?
- Einen auch mit Kindern freundlichen, charaktervollen Hund?
- Einen mittelgroßen Hund, den man im Notfall tragen kann?
- Einen unglaublich gesunden Hund, der außer für Impfungen kaum mal den Tierarzt braucht?
- Einen lieben Familienhund, ohne Aggressionen oder besonders ausgeprägte Wach- oder Schutzeigenschaften?
- Einen einfach zu haltenden und zu führenden Hund?
- Einen auf Grundgehorsam leicht zu erziehenden Hund?
- Einen Hund, der kaum nach Hund riecht, auch nicht mit nassem Fell?
- Einen Hund fast ohne Stöbereigenschaften?
- Einen Hund, der nicht bei jedem Geräusch anschlägt oder kläfft?
- Einen Hund, der nicht zur Verfettung neigt?
- Einen Hund, der lange lebt?
- Einen außergewöhnlichen Hund, der sich von der Masse abhebt?
- Einen sportlichen, robusten Hund, der gern und schneller rennen kann als andere?
- Einen ruhigen Hund in der Wohnung?
- Einen Hund, der nicht zu den Arbeitsrassen gehört und auch mal ohne Beschäftigung zufrieden ist, der Sie aber auch gerne beim täglichen Joggen begleitet?
- Einen Hund, der auch in einer kleinen Wohnung gehalten werden kann?
- Einen Hund, der Ihnen den Rücken wärmt?
- Einen Hund, der sich Ihnen eng anschließt und trotzdem nicht aufdringlich ist?
- Einen Hund, mit dem Sie auch an Wettbewerben teilnehmen können?

Wenn Sie die Fragen überwiegend mit ja beantwortet haben, dann ist der Whippet für Sie ein idealer Hund. Unter der Voraussetzung, dass Sie folgendes beachten und in Kauf nehmen wollen:

- Ein Whippet schläft gern im Bett und auf dem Sofa.
- Ein Whippet ist ein Hetzhund, der mit den Augen jagt und darauf muss man sich einstellen. Grundgehorsam in der Erziehung einfordern und unerwünschtes Jagen im Ansatz unterbinden bzw. nicht bestärken.
- Ein Whippet kann schneller laufen als die meisten Hunde und wird nur einen gleichwertigen Partner richtig schätzen. Die Haltung von zwei Whippets ist eine gute Alternative.
- Ein Whippet muss wenigstens einmal täglich seine Beine richtig strecken können. Er jagt gern Bälle und Stöckchen und braucht mindestens eine halbe Stunde freien Auslauf, in der er sich richtig austoben kann. Das bedeutet ggf. täglich in ein geeignetes Gelände fahren, wenn man verkehrsreich wohnt.
- Ein Whippet friert schnell, wenn er draußen nicht in Bewegung ist und die Temperaturen unter Minus Werte sinken. Er sollte daher den Stadtbummel im Winter mit einem Mantel machen – auch Athleten müssen ihre Muskeln warm halten.

Zusätzliches Vergnügen mit einem Whippet kann die Teilnahme an verschiedenen Windhundveranstaltungen wie Hunderennen, Coursing oder Ausstellung bereiten. Das ist zwar kein Muss, doch bei den Rennwettbewerben kann der Whippet entsprechend seiner Veranlagung dem Hetzbedürfnis nachkommen und wer als Besitzer Spaß daran hat, findet hier Gelegenheit zusammen mit Hund und Familie vielleicht ein neues Hobby.

Der Whippet

Allgemeines

Ihnen gefällt der Whippet optisch und Sie haben vielleicht schon gehört, dass Whippets eine recht gesunde Hunderasse sind. Ihre schlanke Körperform ist kein Zeichen für Empfindlichkeit, Whippets sind sehr robuste Hunde, die schon durch die Fähigkeit, besonders schnell laufen zu können, einen gesunden und starken Knochenapparat mitbringen und nicht zu Wehleidigkeiten neigen. Man könnte auch sagen mehr Sein als Schein.

Auf den ersten Blick: fein, elegant, dünn. Auf den zweiten Blick: drahtig, sportlich, sanft. Man sieht sie selten im Straßenbild. Jährlich kommen derzeit in Deutschland cirka 450 Welpen in organisierten und überwachten Whippetzuchtstätten auf die Welt. Der Whippet hält damit derzeit unter allen Windhundrassen die Spitze. Aber der Liebhaberkreis ist klein genug, dass aus dem Whippet kein Modehund werden kann. Sein Erscheinungsbild spricht nur einen bestimmten Personenkreis an, womit dieser Hunderasse eine Popularität mit allen üblichen negativen Begleiterscheinungen erspart bleibt. Das ist von großem Vorteil für die Hunde selbst, weil sich nur wenige Liebhaber seiner Zucht verschrieben haben, und ein weiterer für den Hundeinteressenten. Sorgfältige Zucht ist auch ein Garant für eine gesunde, charakterfeste und vitale Hunderasse.

Die Einteilung von Hunden in bestimmte Rassen ist eine Erfindung des vorletzten Jahrhunderts. Das, was man heute unter dem Namen Whippet kennt, sind die mittelgroßen Vertreter der englischen Hetzhunde, die sich durch eine besondere Fähigkeit auszeichnen: Sie jagen nicht mit der Nase am Boden, sondern erspähen die Beute mit den Augen, englisch Sighthounds und gehören kynologisch in die FCI Gruppe X, die Windhunde. Windhunde sind in der breiten Öffentlichkeit weniger bekannt und wirken unter der Menge von Labis, Dackeln, Rottweilern, Hovawarten und Westies, Möpsen und Schäferhunden exotisch. Und die Vorurteile sind fälschlicherweise groß.

Die üblichen Fragen: "Wird er noch größer!" oder "Muss der so dünn sein?" folgt meist gleich auch die Beantwortung: Ach, ja! Die müssen ja schnell rennen. Und sie sollen nicht dünn, sondern muskulöse, wohlproportionierte, kleine Athleten sein! Was mit diesen Hunden am häufigsten in Verbindung gebracht wird, sind Hunderennen und vielleicht noch der Alte Fritz. Friedrich II, König von Preußen, auch Friedrich der Große genannt, teilte seine Liebe mit Windhunden. Oft ist von Windspielen die Rede, doch zu seiner Zeit war die Rasse des italienischen Windspiels noch nicht anerkannt. Aber es gab zur friderizianischen Zeit Windhunde in allen verschiedenen Größen, die im Jagdhaus von Schloß Sanssouci in Potsdam lebten, wenn auch der Liebling Biche nur wenige Pfund wog. Und man bezeichnete bis zu Beginn des 20. Jhdts. alle Windhunde als Windspiele.

Der Whippet ist ein feiner Haushund, der sich zu benehmen weiß und viele Vorzüge hat. Im Haus absolut ruhig und immer ausgeglichen, braucht er den täglichen Sprint über eine Wiese, hinter einem Ball her oder im Rennspiel mit einem ebenbürtigen Kumpel.

Whippets lieben das gemeinsame Laufen Foto: M.Bunyan

Ursprung

Hunde vom Windhundtyp sind bereits von Höhlenmalereien auf der ganzen Welt bekannt. In vielen Regionen der Erde hatte man lange vor der Erfindung der Feuerwaffen sich die Schnelligkeit der Hunde zunutze gemacht und für eine wesentlich effizientere Jagd eingesetzt. Seit Beginn der Domestikation hatte die Hetzjagd mit Windhunden einen hohen Stellenwert. Die ersten Aufzeichnungen darüber stammen aus dem 6. Jahrtausend v.Chr.

Windhunde waren die ersten Hunde der Hochkulturen und zählen neben den Mastiffs zu den ältesten Grundtypen von Hunden überhaupt. Die arabischen Beduinen jagten mit ihren Sloughis und Salukis vom Pferderücken aus, die russischen Fürsten verfolgten die Wölfe in spektakulären Hetzjagden mit ihren Barsois; die Römer und Griechen hatten Greyhounds als Jagdbegleiter. Im alten Ägypten und Rom gab es neben den großen auch schon kleinere kurzhaarige Windhunde, aber man unterschied nicht nach Größe und kannte auch keine differenzierte Benennung. Diese Hunde lebten zu Zeiten des Römischen Imperiums, im Mittelalter und der Renaissance. Sie gelangten mit den ersten römischen Handelsschiffen auch auf die Britische Insel.

Der kleinere mittelgroße whippetähnliche Hund bewies sich als extrem erfolgreich bei der Kaninchenjagd. Er war wendiger und viel weniger verletzungsanfällig als der größere Schlag Greyhound und konnte seine Beute auf einem viel kleineren Areal fangen.

Die direkten Vorfahren der heutigen Whippets sind kleinere Exemplare des größeren, greyhoundartigen Verwandten. Die Unterscheidungen und Rassenamen sind erst seit der modernen Rassehundezucht üblich.

In der Kunst werden diese Windhunde in vielen Themen dargestellt, was für die Wertschätzung dieser zarten Hunde spricht. Mittelgroße Exemplare des kurzhaarigen Windhundes tauchten neben den großen Windhunden in jeder Zeit auf und sind in bildlichen Darstellungen oder

Skulpturen nachweisbar. Die Darstellungen sind teilweise sehr detailliert, so dass man diese mittelgroßen kurzhaarigen Windhunde als unsere heutigen Whippets ansieht.

Bis zur Mitte des 15.Jahrhunderts war es nur den Adligen vorbehalten, Windhunde zu besitzen. Gesetze und drastische Maßnahmen gegen Halter, aber auch das Abschneiden der mittleren Zehen bei den Greyhounds, sollten sicherstellen, dass die Jagd nicht widerrechtlich von Unbefugten ausgeführt wurde. Dennoch kam es im 17.- 19. Jhdt. ab und an vor, dass sich die arme Bevölkerung Windhunde behielt, die ihnen zuliefen oder derer sie habhaft werden konnten. Am besten geeignet war der whippetähnliche mittelgroße Greyhoundartige. Sie wurden bevorzugt zur Wilderei eingesetzt und waren erfolgreiche Kaninchenjäger, weil sie schnell und extrem gewandt waren und nicht bellten.

Whippetrüde Foto: H. Knoche

Entstehung

Die Bedeutung des Whippets als Gesellschafter und Begleiter des Landadels war nicht unerheblich. Während die größeren Greyhounds als Jagdhunde in den Unterkünften auf ihren Einsatz warteten, lebten die kleineren Windhunde in den Häusern und wurden in vielen zeitgenössischen Gemälden in Begleitung feiner Damen dargestellt.

Ludwig der XV beauftragte den Maler Jean Baptiste Oudry, eigens ein Gemälde seiner beiden kleinen Windhunde Misse und Turlu anzufertigen. Die Ähnlichkeit mit heute lebenden Exemplaren des Whippets ist nicht zu übersehen. Erstmals wurde der Name Whippet im Jahre 1550 erwähnt, aber erst 1841 wurde unter dieser Bezeichnung ein Hinweis auf einen Hund gegeben (Kreuzung zwischen Greyhound und dem damaligen Spaniel).

Whippets liegen immer eng zusammen. Foto: H.Knoche

Verwendung

Die adlige Gesellschaft veranstaltete traditionelle Hetzjagden und reglementierte Coursings mit den Greyhounds als eine Art Freizeitvergnügen. Für die sogenannte Unterschicht waren blutige Wettkämpfe mit Tieren bis ins 20. Jahrhundert gang und gäbe: Bullenbeißen, Hahnenkämpfe, Hundekämpfe. Nach dem gesetzlichen Verbot wandten sich diese Menschen einer brutalen Form des Coursings zu: ein Kaninchen wurde in einem eingezäunten Gelände losgelassen und es wurde gewettet, welcher der beiden Whippets als erster das Kaninchen tötete.

Dadurch gelangte der Whippet zu einer zweifelhaften Popularität. Als auch diese blutige Sportart verboten wurde, wandten sich die Minenarbeiter im Norden Englands der primitiven Form der Windhundrennen zu, denn man hatte eine neue Einnahmequelle entdeckt: Dieser schnelle Hund sollte nach dem Geschmack der Arbeiter durch die Einkreuzung aller möglicher Hunde robuster werden. Es wurde experimentiert mit Terriern, Spaniels und anderen Hunden. Die Wettrennen begannen.

Zunächst wurde das Ragracing populär. Die Hunde wurden von sogenannten Slippern in die Bahn geworfen und rannten zu ihren Besitzern, die am Ende der Rennstrecke ein Tuch schwenkte. Sieger war der Hund, der zuerst in das Tuch biß. Begriffe wie *snap dog* und (oder) *the poor man´s Greyhound* wurden geprägt und Hunderennen wurden ein fester Bestandteil für kleine Windhunde, die man seitdem Whippet nennt. Keine andere Aktivität mit Whippets erregte derart großes Aufsehen wie das Hunderennen. Vor allem konnte damit mehr Geld in einer Woche gemacht werden als ein Minenarbeiter im ganzen Monat verdiente.
Das Hunderennen wurde im Laufe der Zeit verfeinert. Es wurden u.a. Handicaps eingeführt, weil die Hunde sich im Gewicht deutlich unterschieden und so Chancengleichheit hergestellt werden konnte. Gleichzeitig zum Ragracing begann man mit einem mechanischen

Lockmittel zu arbeiten. Bis zum Zweiten Weltkrieg blieben die Hunderennen mit den Whippets äußerst populär und lebten Mitte der 50er Jahre wieder auf. Auch hier standen die Wetteinnahmen im Vordergrund. Inzwischen wurden stationäre Rennbahnen mit elektrischem Hasenzug, Startkästen und sogar Fotofinish gebaut.

Diese Art Hunderennen hatte eigene Regeln und die Reinrassigkeit spielte dabei keine Rolle. Mitte der 60er Jahre begannen in England dann auch die Hunderennen mit reingezüchteten, den sogenannten pedigree-Whippets, die dann vergleichbar mit unseren heutigen Amateurrennen auf dem Kontinent sind. Hier geht es allein um den Spaß an der Freude, anders als bei den Greyhounds, sind sowohl Wetten als auch Geldpreise tabu und daher auch der Mißbrauch der Whippets im Profirennbetrieb ausgeschlossen.

Whippets rennen aus Spaß an der Freude. Foto: H.Knoche

Anerkennung

Während (nord)englische Minenarbeiter mit ihren Hunderennen beschäftigt waren, entwickelte sich Ende des 19. Jahrhunderts das Interesse an zielgerichteter Hundezucht. Die Britischen Inseln standen nicht nur an der Spitze der industriellen Revolution, sondern hatten auch einen Darwin, der sich mit der Entstehung der Arten befaßte. Wettkämpfe unter Hunden der verschiedensten Größen und Formen waren unvermindert beliebt, also war es nicht weiter verwunderlich, dass die moderne Rassehundezucht auch in Großbritannien ihren Ursprung nahm.

Ziel war es, aus einer großen Variationsbreite Hunde nach festgelegten Rassemerkmalen herauszuzüchten. Damit einher gingen die ersten Hundeausstellungen, an denen dann die Neuzüchtungen Fachleuten, also Zuchtrichtern, vorgestellt wurden. Der erste Whippet wurde als Rarität 1876 vorgeführt, lange bevor er als eigenständige Hunderasse anerkannt war.

Inzwischen war auch der Britische Kennel Club gegründet, der die Hundezucht organisierte und die Zuchtbücher führte. 1890 wurde der Whippet als Rasse anerkannt. Die ersten Eintragungen für die Rasse im Zuchtbuch wurden 1891 gemacht.

Aus dem Sammelsurium der Rassenmischungen und Einkreuzungen, den Hunden mit unbekannter Abstammung von der Rennbahn oder von zweifelhafter Herkunft mußte nun versucht werden, ein einheitliches Rassebild herauszuzüchten. Grundlage dafür bildeten die festgelegten Rassemerkmale. Denn um Hunde auszustellen d.h., sie miteinander zu vergleichen, müssen allseits akzeptierte Regeln über das Erscheinungsbild und erwünschte Charakteristika vorhanden sein. Eine solche offizielle Beschreibung nennt man Rassestandard.

Noch heute, über 100 Jahre später, sehen wir die genetische Bandbreite in der Rasse. Sie erlaubt eine weite Variationsbreite, sowohl im Aussehen, im Charakter als auch in der Leistungsfähigkeit. Und Kenner sehen darin auch den Grund für die Gesundheit. Die Grenzen der Veränderbarkeit zeigen sich dort, wo Typverlust beginnt, d.h. wenn der Whippet seine rassetypischen Merkmale verliert, die ihn als eigenständige, effektive Hunderasse ausmachen.

Whippetwelpen Foto: Malin Westlie

Gültiger FCI Standard

Nr. 162 b vom 24.Juni 1987

Whippet - Britische Rasse, Patronatsland Großbritannien

Gesamterscheinung:
Ausgewogene Kombination von Muskelkraft und Stärke mit Eleganz und Grazie der Umrißlinien. Für Geschwindigkeit und Leistung gebaut. Jede Form der Übertreibung muss vermieden werden.

Charakteristika:
Ein idealer Begleiter, in hohem Maße anpassungsfähig in häuslicher und sportlicher Umgebung.

Wesen: Freundlich, anhänglich ausgeglichen.

Kopf und Schädel: Lang und trocken, flacher Oberkopf, zum Fang mit leichtem Stop verlaufend, ziemlich breit zwischen den Augen , kräftige und klar gezeichnete Kiefer, schwarzer Nasenschwamm, bei blauen Hunden ist eine bläuliche Nase erlaubt, bei leberfarbenen Hunden ist eine leberfarbene Nase, bei weißen Hunden oder Schecken ist eine Schmetterlingsnase zulässig.

Augen: Oval, strahlend, sehr aufmerksamer Ausdruck.

Ohren: Rosenförmig, klein, feinledrig.

Gebiß: Kräftige Kiefer mit einem perfekten, regelmäßigen und vollständigen Scherengebiß, d.h. dass die oberen Schneidezähne die unteren Schneidezähne eng übergreifen und rechtwinklig zu den Kiefern stehen.

Hals: Lang muskulös, elegant gebogen
Vorhand: Schultern schräg und muskulös, Schulterblätter bis zur

Wirbelsäule reichend, wo sie sich deutlich abzeichnen. Vorderläufe zwischen Ellenbogen und Pfoten gerade und senkrecht, Front nicht zu breit, Fesseln stark, leicht federnd, Ellenbogen gut unter den Rumpf gestellt.

Brust sehr tief mit viel Platz für das Herz, tiefe Brust, gut abgezeichnet, breiter, fester Rücken, eher lang, mit deutlichem Bogen über der Lende, aber nicht bucklig. Die Lende erweckt den Eindruck von Stärke und Kraft. Rippen gut gewölbt, am Rückenansatz gut bemuskelt.

Hinterhand: Stark, breit über den Oberschenkeln, gut gewinkelte Kniegelenke, tief gestellte Sprunggelenke, gut entwickelte Unterschenkel. Der Hund vermag im Stand viel Boden zu decken und große Schubkraft zu zeigen.

Pfoten: Sehr klar umrissen, Zehen gut voneinander abgesetzt, gut aufgeknöchelt, dicke und starke Ballen.

Rute: Keine Befederung. Lang, sich verjüngend. In der Aktion in feiner Aufwärtsbiegung, aber nicht über den Rücken erhoben.

Gangart/Bewegung: Frei. Hinterläufe gut unter den Körper vorgreifend, um Schub zu geben. Vorderläufe mit weitem Vortritt tief über dem Boden, parallel im Kommen und Gehen, Bewegung insgesamt weder gestelzt noch hochsteppend, kurztrittig oder trippelnd.

Haarkleid: Fein, kurz, anliegend.

Farbe: Jeder Farbe oder Farbmischung.

Größe: Schulterhöhe der Rüden: 47-51cm, der Hündinnen : 44-47 cm

Fehler: Jede Abweichung von den vorstehenden Standardmerkmalen ist als Fehler anzusehen und das Gewicht, mit dem der Fehler zu werten ist, muß genau seinem Schweregrad entsprechen.

Anmerkungen Rüden müssen zwei offensichtlich normale, voll

abgestiegene Hoden im Skrotum aufweisen.

Nach diesem Standard werden Whippets weltweit beurteilt. In den USA gilt der AKC Standard, der in einigen Punkten vom englischen Standard abweicht. Der wichtigste Unterschied ist die Größe und die Farbe. In den USA sind die Whippets größer und bläuliche Hunde sind nicht erwünscht, weil der amerikanische Standard schwarze Augen und Nasen verlangt. Das Farbverdünnungsgen, das für die blaue Fellfarbe verantwortlich ist, wirkt auch auf Nasen- und Irisfarbe und schwächt schwarz in anthrazit oder rot in beige ab. Das will man in Amerika nicht.

Schwarz-weisser Whippet in Fernsehpose. Foto: Malin Westlie

Verhalten

Whippets sind angenehme Haushunde. Sehr ruhig im Haus oder in der Wohnung. Hier dösen und schlafen sie sehr viel, bellen höchst selten und sind immer anschmiegsam, sanft und freundlich, ohne Hektik zu verbreiten.
Im Freien ist der Whippet ein blitzschneller Wirbelwind, der geradezu vor Energie zu bersten scheint. Wenn auch diese Temperamentsausbrüche bei vielen nur von kurzer Dauer sind.

Whippets sind extrem sensible Hunde. Diese Feinfühligkeit befähigt sie, sich dem Menschen und dessen individuellen Lebensgewohnheiten bestmöglich anzupassen. Ein Whippet braucht Regelmäßigkeit und gleichmäßige stets faire Behandlung. Whippets sind sehr gesellige Hunde, die immer in der Nähe ihres Menschen sein wollen und auch in die Familie gehören und darin integriert sein müssen.

Durch ihre sanfte Art und freundliche Körperhaltung vermitteln sie einen beschwichtigenden Eindruck: Ich tu Dir nichts. Das kommt auch bei Kindern gut an, die weniger Angst haben als vor anderen Hunden. Oft wird die durch die Hinterbeine gezogenen Rute als Ängstlichkeit gedeutet, aber das ist für einen Whippet in Ruhehaltung eine natürliche Stellung. Die Rute ist die Verlängerung der Wirbelsäule und durch die anatomisch korrekte und dadurch gesunde Beckenstellung dieser Rasse fällt die Rute stets in Ruhestellung senkrecht zu Boden, kann auch eingeklemmt oder in Erregung fröhlich hoch getragen werden.

Whippets sind pflegeleicht und besitzen ein kurzes Fell und keine Unterwolle, dadurch lassen sie den sonst üblichen starken Hundegeruch vermissen. Das kurze Fell ist nicht sonderlich wärmend; zusammen mit den sensiblen Nerven des Whippets können sowohl Kälte als auch Aufregung zum gelegentlichen Zittern führen.

Der Whippet ist nicht gern allein und fühlt sich in der Gemeinschaft mit anderen Hunden, am liebsten auch Whippets, am wohlsten. Er ist dafür bekannt, dass er jeden unbequemen Platz gern in kauf nimmt, Hauptsache er ist seinem Menschen oder seinem Hunderudel ganz nah. Es ist völlig normal, dass sich mehrere Whippets übereinander stapeln, nur um eng zusammen liegen zu können.

Im Freien verwandeln sich die sonst so ruhigen und sanften Whippets in Wirbelwinde, die gern umherflitzen und ihre Beine strecken. Auch das klappt am besten mit einem ebenbürtigen Partner. Denn diese Rennanfälle erstrecken sich oft nur auf ein paar kräftige Sprints, die aber alle Energien frei setzen.

Da der Whippet den Eindruck vermittelt, dass er gern rennt und auch schnell rennt, sollte man nicht dem Trugschluß verfallen, dass man dem Whippet ausschließlich durch eine Teilnahme an Windhundrennen etwas Gutes tun kann. Hunderennen sind kein Ersatz für eine freie Bewegung und es ist ein großer Unterschied, ob ein Whippet über eine Wiese wetzt oder ob er hinter einer Hasenschleppe herrennt. Windhundrennen fordern den Hund bis an die Leistungsgrenze, was nur für einen trainierten und gut vorbereiteten Whippet unbedenklich sein kann. Whippets, die in der Woche nur auf dem Sofa liegen und nur an der Leine Gassi geführt werden, sollten nicht am Wochenende in vollem Tempo zweimal über eine 400m Strecke hetzen. Windhundsport ist eine gute Möglichkeit dem Whippet das zu geben, wofür er ursprünglich gezüchtet wurde: Das Hinterherhetzen nach einer vermeintlichen Beute. Aber dazu muss er auch in der Woche Gelegenheit bekommen, sich täglich frei auszutoben, er muß sukzessive konditioniert werden, um dann in fitter perfekter Rennkondition zu sein.

Zusammenleben

Whippets sind extreme Egoisten, wie alle anderen Hunde auch. Sie suchen nur ihren eigenen Vorteil. Wir sind die Ressourcenverwaltung und auch daher für den Whippet anbetungswürdig. Damit das Zusammenleben unproblematisch klappt, muss der Whippet bestimmte Regeln kennen und die müssen von beiden Seiten unumstößlich eingehalten werden. Da der Whippet es sich gern gut gehen läßt und den Komfort über alles liebt, wird er alles vermeiden, das ihm diese Vorteile entzieht. Oder anders gesagt: Er wird alles versuchen, auch mit vielerlei Tricks, um in den Genuß eines fürstlichen Lebens zu kommen. Whippets sind klug und ausgebufft und sie wickeln ihren Menschen schnell um den Finger. Sie sind sanft und liebenswert und ideale Kumpel und Begleiter, leichtführig und angenehm.

Es gibt neue Wege in der Hundeausbildung, bei denen das Wort Dominanz tabu ist. Definiert man Dominanz mit Gewalt und Unterdrückung, dann ist das auch richtig. Viel zu viele Fehler sind in der Vergangenheit gemacht worden, als Hunde noch zu Untertanen erzogen und gequält wurden. Verständlich, dass man hier weg will, weil es zu vielen Mißverständnissen führte. Tatsächlich ist aber auch die überlegene Handlungsweise und Perfektion der menschlichen Fähigkeiten dem Hund gegenüber ausreichend, um Autorität zu sein.

Kinder und andere Haustiere muss der Whippet kennenlernen, dann ist er auch hier sanft und verträglich. Auch für Whippets gilt was für Kinder und Hunde im allgemeinen gilt: Niemals ein Kleinkind mit dem Hund allein und unbeaufsichtigt lassen. Überschreitet ein Kind die Intimsphäre des Hundes, tritt es auf ihn oder ist sonstwie grob, könnte der Hund sich wehren, und das Verteidigungsschnappen kann ins Auge gehen. Hunde wehren Angriffe ab, indem sie dem Rangniederen ins Gesicht Drohschnappen.

Erziehung

Erziehung beginnt mit Vertrauen und das sollte der Welpe bereits bei seinem Züchter mitbekommen. Ein verantwortungsbewußter, seriöser Züchter weiß über die Entwicklung und Sozialisation von Welpen bescheid und wird die ersten Wochen entsprechend nutzen.

Es gehört zu einer artgerechten Haltung und zum Verständnis der Hundeseele, dass der Welpe und junge Hund lernt, wie ein Rudel strukturiert ist. Er braucht das Dazugehörigkeitsgefühl, Vertrauen und die Einweisung in seinen Rang, um seine Persönlichkeit und seine Fähigkeiten entwickeln und entfalten zu können. Was im Hunderudel begonnen wurde, darf der Mensch nicht verändern. Vielmehr muss er die gleiche Hierarchie konsequent beibehalten. Das heißt nichts weiter, als dass der Whippet weiß, dass er erst nach dem Menschen an der Reihe ist und dass nicht er bestimmt, sondern der Hundehalter.

Es entspricht dem Verhalten eines Hundes sich unter- und einzuordnen. Ein acht Wochen alter Welpe hat in einem Hunderudel nicht viel zu bestellen. Er erhält die Fürsorge aller Rudelmitglieder, aber er muss sich auch anpassen und einfügen. Er muss vielmehr selbst darauf achten, dass er sich angemssen und situationsgerecht verhält, sonst wird er von seinen Geschwistern und den erwachsenen Hunden in seine Schranken gewiesen und das kann schmerzhaft sein. Er muss auch darauf achten, dass er den Anschluß nicht verliert, sonst ist er verloren. Daher ist die Erziehungsphase des Welpen im Hunderudel zwischen der 6. und 11./ 12. Woche enorm wichtig und der Besitzer, der nur einen Hund hat, sollte aus diesem Grund eine Welpenspielstunde aufsuchen, sofern der Whippet als Einzelhund gehalten wird. Das Abgabealter der Welpen ist bei den Züchtern unterschiedlich geregelt. Es gibt Züchter, die entsprechend der wissenschaftlichen Erkenntnisse bzw. entsprechend ihrer individuellen Erfahrung Welpen bereits mit 8 Wochen umplatzieren, andere geben ihre Welpen erst mit 10 Wochen oder gar später ab.
Bei einem Übergang vom Hunderudel in die Menschenfamilie sollte

diese Rudelstruktur erhalten bleiben. Damit ist der Weg zu einer problemlosen und artgerechten Hundehaltung geebnet. Trotzdem bedeutet jede Umplatzierung für den Welpen Stress. Das muss der Halter wissen und dem Welpen die Integrtion in die neue Familie erleichtern. Zuerst muss Vertrauen aufgebaut werden durch Körpernähe und Streicheleinheiten, Spiel und Beachtung, Ruhe und Sicherheit.

Erziehung erfolgt durch positives Verstärken und durch Beobachtung. Wenn die Rangfolge stimmt und der neue Besitzer sich über das Verhalten eines Hundes im klaren ist, braucht der Whippet ein geringes Maß an Korrektur. Direktes Eingreifen ist nur im äußersten Notfall, wenn sich der Hund durch ein Verhalten in Lebensgefahr bringen könnte, sinnvoll. Sonst muss der Mensch, besonders bei einem solch sensiblen Hund, immer die positive Bestärkung wählen. Viel Lob und Anerkennung beflügeln den Whippet. Er wird es nur noch *besser* machen wollen. Strafe, z.B. wenn der Hund sich in der Wohnung lösen musste, weil ihn sein Besitzer nicht ins Freie gelassen hat, kann das Vertrauensverhältnis stark ins Schwanken bringen. Das führt zu weiteren Schwierigkeiten, wenn der Whippet aus Angst nicht mehr zu seinem Besitzer zurückkehrt oder sogar die Flucht ergreift. Sensiblen Hunden muss man auch mit Feingefühl begegnen. Vergessen Sie alles, was Ihnen irgendein Hundeführer mal über „zeig dem Hund, wer der Herr im Haus ist“ erzählt haben mag. Mit Strenge und Zwang erreichen Sie beim Whippet gar nichts Positives, mit Konsequenz und Regelmäßigkeit jedoch alles.

Whippets haben keine ausgeprägte Expansionstendenz und sind in der Regel einfach zu handeln. Das gilt ebenso für Rüden als auch für Hündinnen. Sie passen sich dem Menschen an, wollen gefallen und alles richtig machen. Sie sind sehr sensibel für Mißstimmungen und Launen. Sie gehören nicht in harte Hände und sind nichts für grobe Menschen, die einen Befehlsempfänger oder einen Schutzhund brauchen.

Ein geregelter Tagesablauf und das Integrationsgefühl sind ebenso wichtig, wie die regelmäßigen Streichel- und Schmuseeinheiten. Wichtiger als Fressen und Auslauf ist das harmonische Zusammenleben. Der Whippet muss wissen, dass er kompromißlos dazugehört und was man von ihm erwartet. Dazu sind einfache Kommandos und Handzeichen, die immer wiederkehrend sind, Voraussetzung. Wenn der Whippet Fehler macht, dann liegt es immer am Menschen.

Es gibt inzwischen eine Fülle von guter Literatur. Und es ist nie zu spät etwas über Hundeverhalten hinzuzulernen. Es gibt Windhundliebhaber, die viel Aufwesen um das ganz besondere Verhalten eines Windhundes machen. Whippets sind zwar feinfühlig, aber nicht dumm. Sie lernen sehr schnell, wie sie sich verhalten müssen um ihrem Menschen zu gefallen oder ihn um den Finger zu wickeln.

Whippetmutter mit Welpen Foto: M.Bunyan

Pflege

Auch wenn Whippets zu den pflegleichten Rassen gehören, so sind einige Punkte von Bedeutung.

Haarkleid: Gesundes und ausgewogenes Futter, frische Luft und freie Bewegung sind für Haut und Haar und allgemeines Wohlbefinden unablässig. Die Hautpflege umfasst die Parasitenkontrolle, das Bürsten, sowie gelegentlich das Baden und Duschen.

Das Haarkleid dieses kurzhaarigen Hundes wird ab und an mit einem Gummistriegel durchgebürstet und anschließend mit einem Fensterleder nachgerieben. Bitte mit dem Baden zurückhaltend sein, nur rückfettende Shampoos benutzen und ggf. nach dem Baden mit einem Babyöl – Pflegetuch übers Fell streichen. Ein gesundes Fell reinigt sich selbst.

Zahnpflege: Die Zähne müssen rein und weiß sein. Belege werden mit einer Zahnbürste regelmäßig entfernt. Eine elektrische Zahnbürste eignet sich sehr gut, weil der Hund das gleichmäßige Rotieren weniger unangenehm empfindet, als eine konventionelle Bürste. Wählen Sie weiche Borsten oder Babyzahnbürsten und Schlämmkreide. Die Fingerzahnbürsten für Hunde sind mit Vorsicht zu handhaben. Die Fingerzahnbürste muss eng am Finger anliegen, damit der Hund sie nicht verschlucken kann.

Regelmäßige Zahnreinigung verhindert das Entstehen von Zahnstein. Wichtig ist vor allem die Reinigung der hinteren Bereiche, weil die Backenzähne schwerer zugänglich sind, muss hier ein besonderes Augenmerk auf die Entfernung der Belege gerichtet sein. Dazu muss der Whippet stillhalten und die Prozedur über sich ergehen lassen. Zahnbeläge mineralisieren schnell zu Zahnstein und dieser führt wiederum zu Zahnfleischentzündungen, Zahnfleischschwund und zu Zahnverlust. Außerdem bildet Zahnstein den Nährboden für Bakterien, die lebenswichtige Organe, wie die Herzfunktion beeinträchtigen können.

Zahnstein kann mit einem Zahninstrument aus Horn selbst entfernt werden. Dabei ist darauf zu achten, dass der Zahnschmelz nicht beschädigt wird, sondern der Zahnstein *abgehebelt* wird. Am besten vom Tierarzt zeigen lassen, oder die Zahnsteinentfernung gleich dem Tierarzt überlassen. Spezielle Kauknochen und Zahnpflegekaugummis für Hunde helfen unterstützend.

Krallenschneiden: Die Krallen müssen regelmäßig gestutzt werden, sofern der Hund nur auf weichem Untergrund läuft. Auf hartem Boden hört man dann ein Tickern und es ist höchste Zeit für Krallenpflege, damit sich die Zehen nicht verbiegen, was dem Hund dann Schmerzen bereitet. Im schlimmsten Fall werden die Krallen so lang, dass sie sich krümmen und der Whippet auf glattem Boden überhaupt nicht mehr sicher auftreten kann.

Der Hundefuß steht auf vier Zehen, der Daumen ist verkümmert und hochgerutscht. Jede der Zehen besteht aus drei Zehengliedern, das dritte Glied ist das Krallenbein, mit der darin befindlichen Kralle. Die Zehenballen sitzen unterhalb der zweiten Zehenglieder und der Sohlenballen befindet sich unter den ersten Zehengliedern. Die Kralle selbst besteht aus Hornhaut und in der Mitte liegen jeweils die Blutgefäße.

Es ist darauf zu achten, dass diese Blutgefäße nicht verletzt werden. Bei Whippets mit hellen Krallen kann man den Verlauf der Blutader mit bloßem Auge erkennen. Bei dunklen Krallen ist es etwas schwieriger. Eine Rotlichtlampe ist hilfreich. Das durchscheinende Licht läßt die Konturen auch bei schwarzen Krallen relativ gut erkennen. Wenn Sie das ein paarmal gemacht haben, lernen Sie schnell wieviel Sie abschneiden können.

Es gibt spezielle Krallenscheren und Krallenzangen im Fachhandel. Alle Werkzeuge müssen in jedem Fall scharf sein und nach längerem Gebrauch erneuert werden. Die Kralle darf nicht gequetscht werden und sollte nicht durch stumpfe Zangen absplittern.

Jeder Besitzer kann das gut allein machen. Je nach Disziplin des Hundes kann anfangs ein Helfer dienlich sein. Der Whippet muss stillstehen und seine Pfoten nach und nach vertrauensvoll hergeben. Wer keine Übung hat, sollte anfangs zunächst nur die Spitzen stutzen. Die Prozedur sollte immer ohne viel Wirbel und zügig geschehen, damit der Whippet keine unangenehmen Erfahrungen damit verknüpft. Diese Prozedur wird dann wöchentlich wiederholt, das trainiert sowohl den Whippet als auch die Handgriffe des Besitzers.
Die Krallenschere wird so angesetzt, dass das überflüssige Horn mit einem kräftigen Zusammendrücken der Zange in Sekunden abgeschnitten werden kann. Begonnen wird mit der rechten Vorderpfote und geschnitten wird vom äußeren Zeh, dann die mittleren bis hin zum inneren Zeh. Auch die Kralle des Daumens muss geschnitten werden, weil sie ohne Funktion ins uferlose wächst. Sind beide Vorderpfoten erledigt, beginnt man mit den Hinterpfoten in gleicher Reihenfolge.

Die Krallen sollte man 14tägig Stück für Stück kürzen. Auch die Blutgefäße bilden sich mit jedem Schnitt ein wenig mehr zurück. Das regelmäßige Krallenschneiden sollte zur Routine werden. Wer sich nicht selbst traut, sollte in jedem Fall die Länge überwachen und notfalls den Tierarzt aufsuchen. Man kann die Krallen auch feilen, aber daran muss der Whippet langsam gewöhnt werden. Am besten nehmen Sie ihren Hund beim Fernsehen auf den Schoß, drehen ihn auf den Rücken und bearbeiten so Kralle für Kralle. Manche Whippets fühlen sich aber sicherer, wenn sie auf einem Tisch stehen.

Ohrenpflege: Die Rosenohren des Whippets sind gut belüftet und machen in der Regel keine Probleme. Es reicht, wenn die Ohrmuscheln bei starker Verschmutzung mit einem Wattestäbchen ggf. mit Babyöl gereinigt werden. Tiefer sitzende, etwas verhärtete Ablagerungen kann man mit Cerustop (Humanmedizin) leicht weich machen und dann entfernen. Vorsicht: zu tiefes Eindringen des Wattestäbchens in die Ohrmuschel kann zu Verletzungen des inneren Ohres führen. Ungeübte sollten deshalb lieber den Tierarzt zu Rate ziehen.

Whippet apportiert sogar aus dem Wasser Foto: K. Zwahlen

Auslauf

Whippets sollten einmal am Tag die Gelegenheit bekommen, ihre Beine richtig strecken zu können. Was heißt das nun? Gerade über Windhunde herrschen sehr viele Vorurteile, und es ist den Menschen einfach nicht auszureden, dass ein Windhund, auch wenn er besonders schnell ist, nicht den ganzen Tag aktiv ist und wie wild herumrennen muss. Ganz im Gegenteil. Gerade der Whippet zählt zu den phlegmatischen Hunden, die es sich am liebsten den ganzen Tag gut ergehen lassen, was soviel heißt wie: Ruhen, Dösen und nochmals Schlafen. Die langen Ruhephasen sind aber auch nötig, um die bei den extrem schnellen Sprints verbrauchten Energien wieder aufzuladen.

Das heißt nun nicht, dass der Whippet deshalb bloß ein dekoratives Sofakissen abgibt. Seine physische und psychische Gesundheit hängt davon ab, dass er Kontakt zu anderen Hunden hat, dass er täglich „Zeitunglesen“ kann und sich richtig austoben darf. Ein paar ordentliche Sprints im freien Gelände, um die Lungen regelmäßig zu dehnen, müssen einfach drin sein. Dazu findet sich immer Zeit, zumal der Whippet danach ausgelastet ist und sich erneut hingebungsvoll dem süßen Nichtstun und der Besitzer sich wieder seiner Arbeit widmen kann.

Keineswegs ist es aber vonnöten, dass sich der Besitzer schon morgens Gedanken macht, welche Wanderwege er heute aussuchen muss, um seinem Whippet einen 50km Marsch zu gönnen. Natürlich macht der Whippet auch solcherlei mit, aber es ist tatsächlich aufzupassen, dass der Hund nicht überfordert wird. Wie schnell ein Whippet doch im Vergleich zu einem Laufhund (Stöber-, Apportier- und Hütehunde) schlapp macht, ist nicht zu unterschätzen. Bedenken Sie, dass seine Vorzüge in der explosiven Schnelligkeit liegen, die viel Energie abverlangt und nicht in einer Dauerlaufleistung.

Ein Whippet ist anderen Hunden in der Geschwindigkeit überlegen aber dafür weniger ausdauernd. Das erklärt sich daraus, dass Whippets nur für den extrem schnellen aber kurzen Galopp gezüchtet wurden und nicht auf Ausdauertrab. Nach einem ausgiebigen Wandertag und natürlich auch nach einem Renn- oder Coursingtag sollte der Whippet tatsächlich einen Tag Ruhe haben, um sich zu regenerieren.

Ganz viele Fehler werden vor allem bei Welpen gemacht. Whippetwelpen können bisweilen den Teufel im Leib haben und sind nicht zu bremsen. Hier muss der Besitzer unbedingt darauf achten, dass der Whippet im Wachstum relativ restriktiv gehalten wird und das freie Herumtoben gestoppt werden muss, auch wenn der Halter glaubt der Hund kann noch mehr.

Entzückendes Whippetjungtier Foto: M.Bunyan

Teil II

Whippetzüchter

Allen Züchtern wurde die Frage *Wer ist für Sie ein geeigneter Whippetbesitzer*? gestellt. Lesen Sie, was die Damen und Herren Züchter aus der Praxis dazu zu sagen haben:

Der ideale Whippetbesitzer braucht, nach Meinung von Ulrike Homer (Nine Lives) folgendes:

„
- Humor, um über die Streiche der Whippets zu lachen
- Phantasie, um der Intelligenz und den Tricks seines Whippets zu begegnen (Whippets sind sehr erfinderisch, wenn sie etwas haben wollen und lernen schnell, z.B. Türen oder Mülleimer öffnen)
- Spaß am gemeinsamen Spiel, weniger, um damit irgendetwas zu erreichen, als seinem Whippet eine Freude zu machen
- das Wissen, daß es für einen Whippet keine Dominanzfrage ist, wenn er auf dem Sofa oder im Bett liegt, sondern er nach seinem Selbstverständnis seinem Besitzer sowieso gleichgestellt ist
- das Wissen, daß Whippets am besten zu zweit leben sollten oder zumindest sehr häufig Gelegenheit zum Spiel mit anderen Hunden haben sollten
- Whippets sollten nicht zu lange allein bleiben müssen, sie machen sonst aus Langeweile viel Unsinn. Wenn man regelmäßig längere Zeit abwesend sein muß, aber bitte nicht mehr als 4-5 Stunden am Stück, sollte man lieber zwei Whippets halten
- genügend Decken auf dem Sofa, weil Whippets sich gerne unter möglichst viele Decken buddeln.“

Andrea Brunn (Golden Peanuts) hat da eine ganz einfache Wahrheit parat: “Keine Ahnung wer der geeignete Whippetbesitzer ist. Für mich ist es jemand, der seinen Hund einfach hat um ihn liebzuhaben und nicht um ehrgeizige Ziele zu verfolgen.”

Daniela Zingg (Durantia) sagt: "Whippets sind sehr anpassungsfähig, sie fühlen sich bei Einzelbesitzern wie auch in einer Familie wohl, Hauptsache es ist was los und sie werden nicht zu lange alleingelassen. Am liebsten sind sie immer dabei. Die Besitzer sollten nicht heikel sein, da der Whippet gerne auf den Betten und Sofas liegt. Whippets lieben ausgedehnte Spaziergänge auf denen viel los ist, also sollte der Besitzer sich auch gerne bewegen, um dem Whippet Abwechslung zu bieten. Der Whippet ist ein Schaf im Wolfspelz, darum sollte der Whippetbesitzer auch in seiner Erziehung konsequent sein."

Marion Kufferath (Culture Pearls) meint dazu: "Ich persönlich wünsche mir mehr Whippetbesitzer die ihren Hund frei laufen lassen. Damit ist nicht die Teilnahme an einem Rennen oder Coursing gemeint. Wenn das Interesse dafür vorhanden ist, ist das natürlich auch in Ordnung. Aber ich meine das freie Laufen lassen auf dem Feld. Ich höre sehr oft, dass die Besitzer Angst haben ihren Hund von der Leine zu lassen. Es könnte ja etwas passieren. Ja, ein gewisses Restrisiko ist nie auszuschließen. Aber ein Whippet nur an der Leine tut mir sehr leid! Das machen dann auch ein Mal pro Woche zwei Runden auf der Rennbahn nicht wieder gut. Außerdem sollten Whippetbesitzer bereit sein, eine derart starke und innige Beziehung mit einem Vierbeiner, einzugehen. Eben Bett, Sofa und Seele miteinander teilen."

Hierzu möchte ich anmerken, dass das auch das allererste war, was mir die "Fachleute" auf dem Rennplatz rieten. Einen Windhund könne man niemals von der Leine lassen. Das ist absoluter Unsinn. Voraussetzung ist natürlich, dass der Whippet Vertrauen zu seinem Besitzer hat und auch erzogen ist. In all den Jahren meiner Whippethaltung gab es keinen einzigen Whippet oder Welpen, der in freier Natur an der Leine laufen musste. Wer hier nicht die Traute hat, bietet seinem Whippet kein artgerechtes Leben. Die Freiheit schnell und frei laufen zu können muss der Besitzer seinem Whippet unbedingt gönnen. Dazu ist nur eine beharrliche, konsequente und fortwährende Wiederholung des Folgens auf Zuruf zu trainieren.

Dr.Heinz Weidmann (Goldenblue) hat da eine ganz klare Vorstellung.

"Einen Whippet erwirbt man nicht, weil man sich einen Hund zulegen möchte, sondern weil man sich einen Whippet wünscht."

Uwe Mehnert (Windmeister's) beschreibt es so: "Der Whippet gehört zu den wenigen Windhundrassen, dessen Haltung man auch jenen Leuten empfehlen kann, deren beengte Platzverhältnisse und finanzielle Möglichkeiten keine größeren Rassen zulassen. Dies sind aber nicht alle Gründe, sich für einen Whippet zu entscheiden. Der Hund ist unkompliziert in seinem Wesen, sehr pflegeleicht, anschmiegsam und als Freizeitsportler ein toller Begleiter."

Wer nach dem Lesen dieses Büchleins auf den Geschmack gekommen ist und sich für Whippets näher interessiert, findet auf den nachfolgenden Seiten eine Reihe von organisierten und kontrollierten Zuchtstätten. Die Whippetzüchter stellen sich in ihren Anzeigen Ihrem Urteil und möchten für ihre Whippets werben. Die Zwingernamen sind in den nationalen Rassehundzuchtvereinen registriert und alle Vereine stehen unter dem Patronat der FCI. Für Deutschland sind die Rassehundezuchtvereine der Whippet Club Deutschland 1990 e.V. (WCD) und der Deutsche Windhundzucht- und Rennverband e.V. (DWZRV) zuchtbuchführendes Kontrollorgan.

Alle Züchter sehen es gern, wenn sich der Interessent mit ihnen direkt in Verbindung setzt. Die webadressen sind ebenfalls mit angegeben.

Yankees Whippets

Dunja Baensch, Margaretenstr. 61, D-51147 Köln
Fon +49 2203 608102 / Fax +49 2203 608103
www.yankees-whippets.de

Yankee (Windyglens Pilgrim) mit Tochter Carla (Xantana vd Spaarnemeute, Foto:Baensch

Fast-zination Whippet

Yankee, mein aus Nordamerika importierter Whippet Rüde, beeindruckt mich in erster Linie durch sein einzigartiges, immerzu freundliches und geduldiges Wesen. Aus diesem Grunde ist er der Namensgeber und Stammvater meiner Zucht.
Seit 1988 beschäftige ich mich intensiv mit Whippets und nehme mit ihnen an Rennen und Ausstellungen mit Erfolg und Freude teil. Meine Zucht basiert auf Generationen von Kanadischen, Amerikanischen und Englischen Renn- und Ausstellungschampions. Freundschaftliche ,

intensive Kontakte zu verschiedenen Züchtern in Amerika und Kanada machten es mir möglich, deren Whippets bei Rennveranstaltungen und vor allem im Alltag, selber hautnah zu erleben und ihre Besonderheiten schätzen zu lernen.

Fasziniert hat mich dort in erster Linie ihr ausgeglichenes und ruhiges Wesen, welches ohne jeglichen Ansatz von Dominanzverhalten ist; sowie ihr überwiegend robusterer Körper- und Knochenbau, durch den die Verletzungsanfälligkeit, insbesondere auf unwegsamem Gelände, enorm gemindert wird. Neben dem durchschnittlich etwas größeren Schultermaß sind dies die wesentlichen Punkte, in denen sich der Nordamerikanische Whippet von den meisten Europäischen Whippets aus der leistungsorientierten Zucht unterscheidet. Dieser spezielle und etwas andere Typ Whippet - der befähigt ist im täglichen Familienleben seinen Hund zu stehen - ist mein Zuchtziel.

Ich erwarte nicht, dass Sie als Besitzer eines Yankees Welpen später an Rennen, Coursingveranstaltungen oder Ausstellungen teilnehmen – aber ich erwarte, dass Sie darauf eingestellt sind, ihm ein artgerechtes und l(i)ebenswertes Miteinander zu bieten.

Whippets brauchen, insbesondere wenn sie als Einzelhund gehalten werden, die Nähe zu ihrem Menschenrudel, wie die Luft zum Atmen. Tägliche Spaziergänge mit Kontakt zu anderen Hunden sind für sie ebenso wichtig, wie ausgewogene Ernährung und ein warmer, weicher Platz in der Nähe ihrer Bezugspersonen zum Relaxen. Es gibt kaum ein schöneres Bild, als einen Whippet beim Schlafen zu beobachten, der sorglos entspannt alle vier Pfoten in die Luft streckt und damit sein Vertrauen und Wohlbefinden äußert.

Obgleich ich nur selten züchte, stehen meine Wurfpläne im Großen und Ganzen bereits lange im Voraus fest. Wenn Sie meine Whippets und mich einmal live & in Farbe kennen lernen wollen, dann vereinbaren Sie gerne einen Besuchstermin. Stets aktuelle und ausführliche Informationen über uns finden Sie im Internet unter www.yankees-whippets.de

Eurostar's Whippets

Andreas und Petra Reschke, Anemonenweg 12, D–15749 Mittenwalde
Tel.: und Fax.: 0049 /0/33764 / 21197E – mail : Eurostars@aol.com
www.eurostars-whippets.de

Ch.Eurostar`s Cheerleader (Ch. Nevedith Fire Opal x Ch. Almansor`s Ice –T) geb. 14.12.1998, Foto: A.Reschke

Für unsere Welpen aus englischen Zucht-Verpaarungen suchen wir liebevolle Menschen, die ihnen ein gutes Zuhause geben. Die Welpen sind durch intensive Hausaufzucht und viel Kontakt zu Kindern, Katzen, und anderen Hunden bestens sozialisiert, außerordentlich nervenstark und gehorsam. Weitere Informationen geben wir Ihnen gern telefonisch und verweisen auf unsere Homepage. Besucher sind nach Voranmeldung jederzeit herzlich willkommen.

Delirious Whippets

Katja & Han Brom, Heuvelstraat 1, NL-7064 BR Silvolde
tel: 0315-329926 fax: 0315-327440 e-mail: whippets@chello.nl
www.whippets.nl

Die Gang Foto: Han Brom

Wir sind eine sehr kleine Zuchtstätte in Holland nahe der deutschen Grenze. Wir züchten nicht sehr oft, nur gelegentlich einen Wurf, damit die Zuchtlinien weitergeführt werden.

Unsere Hunde leben in unserem Haus als vollkommene Familienmitglieder mit uns und unseren Katzen. Obwohl unser Hauptinteresse an der Ausstellung liegt, nehmen wir auch an Coursingveranstaltungen teil.
Wir züchten für sehr gutes Wesen, Gesundheit und Typ.
Wenn Sie mehr über unsere Whippets erfahren wollen, schauen Sie bitte auf unsere Website oder treten Sie einfach in Kontakt mit uns.

Willowick Whippets

Cornelia Pauleck, Im Eulenflug 28, D-51399 Burscheid
Tel.:02174-64688, Mail: mail@willowick.de
www. willowick.de

Kleine Herzensbrecher, Foto: Pauleck

Unsere Whippets bereichern täglich unser Familienleben und teilen mit uns Haus, Garten und die Couch. Wir haben eine Liebhaberzucht dieser wunderschönen Hunde. Zeitweilig suchen einige unserer liebevoll aufgezogenen und bestens sozialisierten Welpen ein neues Zuhause. Neugierig geworden?

Mehr über unsere Hunde und uns, sowie alle Neuigkeiten unseren Zwinger betreffend, finden Sie auf unserer Homepage
www. willowick. de
Besucher sind nach Voranmeldung jederzeit gerne willkommen.

Dewaleh's Whippets

Ulrike Jankowski, Kellersgraben 9, D-97531 Theres
T 09521/959958 mail: Jankowski.US@t-online.de
www.dewaleh.de

Familienausflug zum "Häschenfangen" Foto: Meier

Meine Zuchtbasis ist international.
So wurde mein französisch-australisch gezogener österreichischer Importrüde Risa Chan´s Obsession for Men durch seine Abstammung, Ausstrahlung und sein Wesen zur Zentralfigur meiner Zucht.
Meine Chalepa ta Kala z Hedvábi, basierend auf deutsch-holländischen Blutlinien, wurde die Stammmutter meines Zwingers. Die Nachkommen bestätigen sowohl durch ihr gutes, selbstsicheres Wesen als auch durch ihr standardgerechtes Exterieur meinen züchterischen Grundgedanken.

Sweet Expression's Whippets

Mark & Roosmarie Wibier, Raiffeisenstrasse 44, D-49824 Ringe
Tel.: +49-5943/984660 mail: sweetexpressions@t-online.de
www.wibier.nl

Forever Blue Demi Moore (Laela) Foto: Dalton

Hobbyzucht aus Liebe zum Hund und den Rassen

Unter dem Zwingernamen SWEET EXPRESSION'S züchten wir Old English Sheepdogs und Whippets.

Unsere Welpen bekommen bis zur Abgabe intensiven Kontakt zu Mensch und Tier. Sie sind bestens sozialisiert. Unsere Hunde und Welpen leben in der Wohnung mit großem Auslauf auf dem Hof.

Unsere Hunde haben sich als Ausstellungshunde und als Sofa-Champions in ihren Familien bewiesen.
Besuchen Sie uns und unsere Hunde auf unserer Homepage oder rufen Sie uns an für einen Besichtigungstermin.

Wir freuen uns über Ihren Besuch.

Goldenblue Whippets

Dr. H. u. M. Weidmann / Dr. med. vet. Isabel Bänziger-Weidmann, Biserhofstr. 66 / Falkensteinstr. 100
CH – 9000 St.Gallen, Tel. 0041 (0)71 / 222 47 12 oder 244 78 77,
e-mail: hm.goldenblue@bluewin.ch / isabel.baenziger@swissonline.ch,
www.whippet-windspielclub.ch (Züchterliste).

Multi-Champion Magic Mystery of Goldenblue (geb.29.01.1999), Foto:Weidmann

Seit 1970 erfolgreiche Liebhaberzucht für Schönheit und Leistung. In dieser langen Zeit viele Schönheits- und Rennchampions, lebhafte und liebenswerte Familienhunde.
1966 holen wir den ersten Whippet (zu zwei Dobermännern), einen schönen und schnellen Rennhund – mit perfekten Stehohren! Nachbars Kinder rufen: „Schau dieses reizende Hündchen, sieht aus wie ein Füchslein". Ein sogenannter Fachmann meint: „Stehohren lösen bei mir Brechreiz aus". Was soll's?

Bald bevölkern weitere, selbst gezüchtete und zugekaufte Whippets (auch Greyhounds) Heim und Garten. Sie bereichern unser Leben auf wunderbare Art, und unser Leben gehört auch ihnen. In ihrer Gesellschaft fühlen wir uns wohl. Sie geniessen und belohnen unsere Zuwendung. Freunde und Bekannte schliessen die von uns erhaltenen Whippets ebenfalls rasch in ihr Herz.

GOLDENBLUE Whippets nehmen regelmässig mit Erfolg an Ausstellungen und Rennen teil. Ohne die vielen andern Lieblinge zu vergessen, erinnern wir besonders gerne an einige zu ihrer Zeit sehr erfolgreiche und bekannte Goldenblues: Diana und Diadem, Get away, Illustry und Illyria, Maffick und Maureen, Outsider, Venom und Vamoose, Whisperwind und Wishdream, Denys und Daily Sunshine, Flying High und Flaming Star, Kenny und Keep seeming, Lapis Lazuli; aber auch an einige in die Goldenblue-Familie aufgenommene „Einwanderer": Unda von der Kollau, Bronwen the Grashopper, Nevedith Major Mystery, Nevedith Veefa Victoria, Grisette du Lac des Cygnes, Glanmorgan Winnie the Pooh.

Die Nachwuchsmannschaft bilden zur Zeit die beiden Hündinnen Nitribit und Nightingale of Goldenblue, sowie die beiden Töchter der hier abgebildeten Magic Mystery, Olympic Glory und Olympic Mystery of Goldenblue.

Einen Whippet erwirbt man nicht, weil man sich einen Hund zulegen möchte, sondern weil man sich einen Whippet wünscht.

Golden Peanuts Whippets

Andrea Brunn, Alte Steige 2, D-67688 Rodenbach
Tel: 06374 6536 email:brunn@goldenpeanuts.de
goldenpeanuts.whippets.de

Andrea und Klaus Brunn mit ihren erfolgreichen Whippets, Foto: Roberto

Den Whippets verfallen!

Seit 1997 bin ich den Whippets verfallen. Eine wundervolle Hunderasse mit zauberhaftem Charakter und gleichzeitig außergewöhnlich sportlichen Eigenschaften. 2001 fiel mein erster Whippetwurf in meinem gegründeten Zwinger GOLDEN PEANUTS. Seit dem ist sowohl Züchten, Ausstellen als auch die Teilnahme an Rennveranstaltungen ein Pflichtprogramm.
Meine Würfe züchte ich sorgfältig und habe dazu etliche Elterntiere aus berühmten internationalen Zuchtstätten verwendet oder hinzugekauft.

Ich habe keine besondere Farbvorliebe, im Gegenteil. So wie ein gutes Pferd keine Farbe hat, trifft das auch auf meine Whippets zu. Außerdem sind wir in der glücklichen Lage, dass beim Whippet alle Farben und Farbkombinationen zugelassen sind und diesen Vorteil möchte ich nicht einschränken. Bei mir gibt es Whippets in fast allen Farben und Farbkombinationen von weiß bis schwarz.

Meine Hunde leben alle mit uns im Haus und schlafen im Bett oder auf den Sofas. Für die Welpenaufzucht haben wir großräumige Welpenhäuser mit Auslauf. Erst wenn die Welpen 5 Wochen alt sind, ziehen sie in den Welpenzwinger um, die ersten Wochen leben sie mit uns in der Familie.

Wichtig für mich sind Besitzer, die ihre Hunde liebevoll behandeln. Der geeignete Besitzer ist für mich jemand, der seinen Hund einfach hat, um ihn liebzuhaben und nicht um ehrgeizige Ziele zu verfolgen.
Als Züchter muss man sich allerdings im Wettbewerb messen. Obwohl ich noch recht neu dabei bin, sind GOLDEN PEANUTS an Ausstellungen sehr erfolgreich und haben ihre Leistung bei Rennwettbewerben bewiesen. Fast alle meine Whippets sind im Besitz einer gültigen Rennlizenz.

Besucher sind bei mir stets willkommen, weil ich die Menschen gern vorher kennenlernen möchte, bevor ich ihnen einen Hund anvertraue. Hundekauf ist immer auch Vertrauenssache. Und der künftige Besitzer soll ebenfalls wissen, woran er ist und sich ein eigenes Bild machen können.
Stets aktuelle Informationen über Welpen und Würfe finden Sie auf meiner Website: goldenpeanuts.whippets.de.

Fly Till Dawn Whippets

Dr. Andrea Göbel, Moselstrasse 3,
D-65439 Flörsheim am Main, Tel.+Fax: 06145/970770
www.fly-till-dawn.de

Whipcat Kayleigh Fly Till Dawn Foto:E.Mammen

FLY TILL DAWN Whippets sollen durch ihr freundliches, fröhliches Wesen betören, denn Charme und Ausgeglichenheit sind das besondere Merkmal, das Whippets einzigartig macht. Sie sollen allen Situationen im Alltag gelassen gegenüberstehen und sich mit Menschen und anderen Tieren verstehen. Sie sollen über viele Jahre das Leben ihrer Besitzer an jedem Tag bereichern.

Artgerechte, liebevolle und erlebnisreiche Welpenaufzucht in der Familie soll das sicherstellen. Nicht nur die äussere Erscheinung, auch das

Wesen der Welpen ist erblich und wird von der Mutter an die Welpen weitergegeben.

Als Tierarzt lege ich besonderen Wert auf Gesundheit, Langlebigkeit und Wesensfestigkeit der Ahnen.

Durch sorgfältige Auswahl der Elterntiere sollen FLY TILL DAWN Whippets dem Standard entsprechen und sich international im Showring mit den Schönsten der Rasse messen können.
In meiner Hobby-Zucht fallen nur wenige Würfe, die aber ganz besondere Whippets sind.

Besucher sind, nach Voranmeldung, herzlich willkommen.

Nine Lives Whippets

Ulrike Homer, Seestrasse 27, D-02827 Görlitz 0171-64 40 567
Tel/Fax 03581-73 99 64
Email: nine-lives@web.de, webmaster@nine-lives.de
www.nine-lives.de

Ulrike Homer mit Firlefanc Coco Chanel Foto: Kurrek

Unser Zwinger NINE LIVES besteht seit 1998, Whippets gibt es bei uns

aber bereits seit 1982. Aufgrund guter Kontakte nach England/Woolsocks und Nevedith, Dänemark/Frontrunners, Finnland/Nightvision und Kanada/ Avalonia konnten wir einige erstklassige Whippets importieren.
Unser Zuchtziel ist ein schöner, nach dem englischen Standard gezüchteter Whippet, ein prima Familienhund, der mit guten Erfolgschancen ausgestellt werden kann und auch noch genügend Spieltrieb besitzt, um an Agility, Coursing und/oder Rennen Spaß zu haben, wenn der Besitzer es möchte.

Mein Lebensgefährte Dietrich Kurrek und ich sind beide beim Auswärtigen Amt beschäftigt und daher berufsbedingt längere Zeit im Ausland. Unser Zuhause in Deutschland ist in Berlin-Buch, aber zum Zeitpunkt des Erscheinens dieses Buches sind wir gerade in Breslau/Polen. Da wir im jeweiligen Zuchtbuch unseres Aufenthaltslandes züchten müssen, haben unsere Hunde also recht internationale, aber immer FCI-Papiere.

Bei der Platzierung unserer Welpen und Junghunde versuchen wir, ihnen ein liebevolles Zuhause zu suchen, was uns wichtiger ist als das Erscheinen bei Ausstellungen. Whippets wollen und müssen zuerst geliebt werden! Wenn man dann Spaß daran findet, sie bei Ausstellungen zu zeigen, kann man so ein tolles Hobby erschließen, aber nie sollte man darüber den Hund vergessen. Die Showkarriere dauert vielleicht 4 Jahre, die jeweiligen Auftritte nur Minuten, das Zusammenleben mit einem Whippet dauert im Idealfall bis zu 17 Jahre !

Wenn Sie diese Einstellung teilen oder einfach „nur“ einen lieben und temperamentvollen Familienwhippet suchen, sind Sie herzlich eingeladen, sich bei uns auf der homepage umzusehen oder uns direkt zu kontaktieren. Wir halten trotz unserer Auslandseinsätze stets Kontakt zu unseren Welpenkäufern und lassen weder diese noch unsere Hunde im Stich.

Superfly's Whippets

Marianne Bunyan, Artilleriestr.78, D-51147 Köln,
Tel. 0177 314 2525 mail@whippet.de
superflys.de

Importhündin aus Singapore Dreamchamber Easy To Love, Foto: M.Bunyan

Tja der Whippet, das ist schon so ein besonders feines Tierchen und man kommt einfach nicht los davon. Anfang der 70er Jahre kam ich auf den Whippet und bin ihm treu geblieben. Es ist und bleibt die Schönste

Nebensache der Welt.
Nach gut 30 Jahren mit Whippets darf ich das sicher sagen. Aktiv habe ich unter dem Zwingernamen SUPERFLY'S eine eigene Linie aufgebaut, die von englischen, französischen, amerikanischen und australischen Whippets profitierte. Meine neueste Hündin ist ebenfalls weitgereist und wird das, was man unter SUPERFLY'S versteht, weiterbringen.

Meine Prioritäten in der Zucht lagen niemals in dem Hervorbringen von vielen Champions oder spektakulären Siegern. Ich wollte immer Whippets züchten, die in erster Linie *Champions der Herzen* werden konnten und ihren Besitzern das Glück ins Haus bringen. Vielmehr war es züchterisch betrachtet meine Idee, gesunde, funktionale, besonders liebenswerte und standardgerechte Whippets in breiter Qualität hervorzubringen. Das scheint gelungen, denn bisher sind 29% meiner gezüchteten Whippets zur Weiterzucht in verschiedenen Zwingern im In- und Ausland gelangt.

Mein persönlicher Tick sind und bleiben rotgestromte Mantelschecken. Eine kleine Farbvorliebe, die ich aber niemals auf Kosten der Qualität bevorzugt habe.

SUPERFLY'S Whippets wird es im kleinen Rahmen weitergeben, um die Idee am Leben zu erhalten. Alles Aktuelle über Whippets im allgemeinen und meine Zucht im besonderen gibt es auf superflys.de nachzulesen.

Romanow's Whippets

Marliese Müller, Alte Hauptstrasse 3, CH–5084 Rheinsulz
Tel. +41 62 878 14 33 / Fax +41 62 878 17 67 /e-mail:muemar@bluewin.ch
www.galgo-whippet.ch

Gruppenbild vom 30 jährigen Zuchtjubiläum im April 1998. Im Bild von vorne, in der Mitte und rechts das Züchterehepaar K.+ M.Müller, Foto: Peter Gonser

Unser Zuchtziel: Liebenswürdige, gesunde, standardgerechte und leistungsfähige Whippets zu züchten. Wir züchten pro Jahr einen Whippetwurf. Unsere Zuchtplanung hat seit jeher die Priorität eine

Familie aufzubauen, in der uns die Ahnen bekannt sind. Wir haben all die Jahre versucht, nicht nach Sieger und Champions zu züchten, sondern auf einer stabile Linie. Die Erfolge bei den kombinierten Wettbewerben sowie die Erfolge an Internationalen Rennen und Coursings seit Jahrzehnten geben unserer Zuchtidee recht.
Unsere Hunde werden schon im Welpenalter darauf vorbereitet ein idealer Familienhund zu werden. Sie werden mit bester Hausmanskost aufgezogen, haben genügend Raum um an frischer Luft sich auszutoben und wir machen alles, um sie auf das zukünftige Leben gut vorzubereiten.

Wir gehen mit unseren Whippets an Renn- und Coursingwettbewerbe weil es ihnen und uns Spass macht. Unsere ROMANOW'S Whippet sorgen für spannende Rennen, sie sind unermüdliche und ehrgeizige Kämpfer. Zu Hause ist davon nichts zu spüren, da sind sie ruhig, angenehm und lieben ihre weichen Bettchen oder Sofas. Es heisst nicht vergebens, der Whippet hat zwei Leben; im Freien und auf dem Rennplatz entfesselt er sein ganzes Temperament und sprudelt vor Begeisterung und Freude über, zu Hause ist er die Ruhe selbst und geniesst alle Annehmlichkeiten.

Der Whippet ist für Sportinteressierte ein idealer Kumpel. Mit seriöser Vorbereitung ist es Jedermann möglich, mit seinem Whippet an Rennen und Coursing teilzunehmen. Es gibt in Europa in jedem Land diverse Vereine die geeignete Gelände anbieten und behilflich sind.
Der Whippet kennt praktisch keine Krankheiten und er bleibt agil bis ins hohe Alter, unsere Whippets werden im Durchschnitt 14 bis 16 jährig.

Wir hoffen, das wir noch einige Jahre an sportlichen, schönen Whippets unsere Freude haben können, sowie auch alle Besitzer der ROMANOW'S Whippet. Gerne beraten wir Interessenten, die sich für diesen sportlichen Familienhund interessieren.

Culann's Whippets

Ilona Behrens, Dwoweg 156, D-26180 Rastede
Tel/0440270259 e-mail Culanns.Whippet@wcw.de
www.culanns-whippets.de

Culann's Whippets Foto: Roberto

Genug Platz zum Toben

Wir leben mit unseren Whippets in einer ländlichen Gegend im Ammerland/ Niedersachsen. Da unsere Hunde den Mittelpunkt in unserem Leben bilden, steht unser Häuschen auf einem ca. 4 ha großen Grundstück. Hier haben unsere Hunde genügend Platz zum Toben!
Der erste Whippet kam 1989 zu uns, Easy Rider of Patmor. Aber wie

heißt es doch so schön: „ Whippets - einer ist nie genug!“

So zog kurz darauf Vanessa of Oakhouse bei uns ein. 1993 kam Silverhawk’s Ivy. Sie wurde meine Stammhündin.

Den CULANN'S – Zwinger gibt es seit 1993. In dieser Zeit sind fünf Würfe gefallen, die sich bei Ausstellungen sehr erfolgreich zeigten, sowie auch beim Rennen und Coursing oft auf den Siegertreppchen zu sehen waren, bzw. sind. Erfolge kann man auf der Homepage nachlesen.

Ebenso wichtig wie die Erfolge „Schönheit und Leistung“ sind mir der liebenswerte Charakter und die Gesundheit meiner Whippets.

Alles in allem sind meine Whippets kleine Hundepersönlichkeiten, deren weitere Entwicklung ich immer mit größtem Interesse beobachte.

Whipcat Whippets

Susanne & Hans-Joachim Oschinski, Am Kirchpfad 7, D-64739 Höchst im Odw.
Tel.: +49(0)6163-939134, e-mail: whipcat@t-online.de
www.whipcat.de

Whipcat Whippets bezaubern Foto: Roberto

Whipcat Whippets bezaubern!

Seit 1990 beschäftigen wir uns intensiv mit Whippets und sind seitdem diesem unglaublichen Charme der Rasse verfallen.
Besuche im Ursprungsland England sowie den USA haben uns unseren eigenen Typ finden lassen und uns auf Shows einige Championtitel,

Europasieger und sogar einen Weltsieger beschert.
Anschmiegsam im Wesen und dennoch selbstbewusst und ein bisschen „draufgängerisch" mit sehr viel Ausstrahlung - das ist für uns die Besonderheit der WHIPCATs. Ob auf Shows, bei Agility, als Begleithund oder auch als Couchpotato - der ideale Begleiter, ob für Singles oder Familien mit Kindern.

WHIPCAT Whippets brauchen kein Schloß oder eine Luxuswohnung um sich wohlzufühlen; genügend Zeit und Liebe, ein fetziger Spaziergang am Tag, lecker „Fresschen", ein gemütliches Sofa mit weichen Kissen - vielleicht noch ein kuscheliger Platz im Bett - und natürlich viele Schmuseeinheiten, dass ist das kleine Geheimnis einen unserer Whippets glücklich zu machen.

Von uns bekommen die Welpen viel Liebe und Aufmerksamkeit und sind durch 1000 Streicheleinheiten von Beginn an bestens geprägt. Durch einen kleinen „Abenteuerspielplatz" im Welpenauslauf in denen die Welpen die „große Welt" entdecken können, vielen Besuchern und ausgiebiger Beschäftigung mit ihnen, findet eine optimale Sozialisierung statt. Mit diesen absolut wichtigen Grundvoraussetzungen übernehmen die kleinen WHIPCATs mutig und ohne Probleme ihr neues Aufgabengebiet als Whippet in ihrer neuen Familie.

Wenn Sie bereit sind sich auf die kleinen aber liebenswerten „Spleens" der WHIPCATs einzulassen, ein langes Whippetleben lang bedingungslos für ihn da zu sein und einen wirklichen Freund fürs Leben suchen, helfen wir Ihnen gerne dabei weiter und stehen Ihnen selbstverständlich auf „Whippetlebenszeit" mit Rat und Tat zur Seite.

Vertrauen auf beiden Seiten ist für uns unabdingbar und Voraussetzung, einen kleinen WHIPCAT in sein neues Heim ziehen zu lassen.

Whippets liegen uns am Herzen. Entdecken Sie mehr über die WHIPCATs auf unserer Internetseite oder besuchen Sie uns im schönen Odenwald.

Middle Kingdom's Whippets

Michaela Deininger, Haselnussweg Nr 5, D-15749 Mittenwalde
Fon: 030 7534120 Mobil: 0173 58 Mail: mkswhippets@yahoo.de
middlekingdoms.whippets.de

Whippets beim Sonnenbad Foto: Deininger

Seit 1995 steht die Whippetzucht MIDDLE KINGDOM'S unter dem internationalen Patronat der FCI und wird im VDH geschützt und kontrolliert.

Das Zuchtziel meiner kleinen Liebhaberzucht orientiert sich am englischen Whippet-Standard bei Verpflichtung für den *gesunden, typvollen, liebenswerten und sportiven Whippet* mit Show- und Familienqualität. Mein Ideal ist der „harmonische Whippet“, ein Whippet ohne jede einseitige Spezialisierung oder Übertreibung!

Meine ganz persönliche Leidenschaft in der Begeisterung für diese bezaubernde Windhundrasse liegt im so genannten „colour breeding“, der Zucht von blauen und schwarzen Whippets. A passion in the passion!
Da Whippets eine herrlich bunte Rasse sind versteht sich colour breeding als eine liebevolle Detailpflege der Farbenvielfalt von Whippets und hat nichts mit etwaiger Ausschließlichkeit o.ä. zu tun. Selbstverständlich fallen in unseren Würfen neben den Blauen und Schwarzen auch entzückende Welpen jeder anderen Farbe oder Farbmischung.

MIDDLE KINGDOM'S Whippets sind attraktive, sportive Begleiter mit einem ebenso cleveren wie liebenswertem Wesen. Viele Whippetfreunde entscheiden sich daher auch bei der Anschaffung eines Zweitwhippets wieder für einen Whippet aus meiner Zucht.

Eine sachkundige Beratung von Whippetkennern und -Neulingen gehört ebenso zum verantwortungsvollen Umgang mit der Rasse Whippet wie die sorgfältige Zucht von gesunden, bezaubernden Whippets und deren Abgabe an zuverlässige Liebhaber.

Windmeister's Whippets

Anne u. Uwe Mehnert, Conleyring 13, D-04808 Wurzen
Tel.:03425/923914, E Mail:Uwe.Mehnert@t-online.de
www.wcd-online.de/zuechter/windmeister

Totaler Erfolg auf der IHA Wels/A 2003 für Windmeister'sFalconcrag Special Effects Vet.-Kl. V1, BOB Id est Rose Offene Kl. V1, CAC, CACIB, b. H. Windmeister`s Country Rose Jugendkl. V1, JBOB Foto: Nancy Mehnert

1978 sah ich das erste Mal Whippets in freier Bewegung, schnell begann die Überzeugungsarbeit, um auch die Familie von diesen tollen Windhunden zu begeistern. Im Febr. 1979 holten wir unsere erste Whippethündin „id est Erato" und auch Anfänger haben mal das Glück des Tüchtigen, sie wurde gleichzeitig unsere erste Schönheits-championess. Weitere Whippets kamen hinzu und 1986 fiel unser 1. Wurf unter dem Zwingernamen WINDMEISTER'S.

Mit „Windmeister's Amber" hatten wir mit der bei uns verbliebenen

Hündin eine Championesse für Schönheit und Leistung. Der B-Wurf fiel 1988 und „Windmeister`s Breeze“ lebte 15,5 Jahre bei uns, sie war bis Febr. 04 die Grand Dame des Rudels und hat uns neben Erfolgen auf der Rennbahn und im Showring vor allem viel Freude im täglichen Umgang als treue Begleiterin bereitet.

Mitte der 90iger Jahre hatten wir nur noch alte Hunde und da wir uns schon seit längerer Zeit auf das Ausstellungswesen und die standardgerechte Zucht konzentrierten, sollte mit neuen Hunden ein neuer Anfang gemacht werden. Mit „Whipcat Conquest of Paradise“ und „Falconcrag Special Effects“, unserem Import aus England, haben wir inzwischen 2 Multichampions im Haus, die in der Zucht ebenfalls ihre Qualitäten bewiesen. „Specials“ Tochter „id est Rose“ ist im Moment unsere sehr erfolgreiche Ausstellungshündin, die sich nach ihrem BOG-Sieg auf der CACIB in Leipzig 2004 in der Warteschleife zur Internationalen Championess befindet. Aus ihrem 1. Wurf nach „Ch. Lorricbrook Bandleader“, den wir nach 14 Jahren Zuchtpause machten, behielten wir die vielversprechende „Windmeister`s Country Rose“, die inzwischen einige Ausstellungserfolge nachweisen kann.
Mit diesen 4 Whippets ist unsere knapp bemessene Freizeit voll ausgelastet. Außerdem achten wir mit unserer kleinen Zuchtstätte sehr darauf, mit erstklassigen Tieren zu züchten, die auf Grund unserer 25 jährigen Whippeterfahrung auch wohlüberlegt ausgewählt werden.

Auf Zucht und Sport bezogen, strebte und strebt man auch heute teilweise noch das Zuchtziel „Schönheit und Leistung“ an. So wie viele Bereiche unseres täglichen Lebens inzwischen hoch spezialisiert wurden sind, geht dies auch an der Zucht des Whippets nicht spurlos vorüber. Wer heute auf großen nationalen und internationalen Ausstellungen seine Hunde im Vorderfeld plaziert sehen möchte, kommt nicht umhin, sich an international erfolgreichen Zuchten zu orientieren oder Hunde aus diesen Zwingern zu erwerben.

Silverhawk`s Whippets

Antje Herrmann, Ötjendorfer Landstr.20, D-22955 Hoisdorf Tel.04107-877653
Fax: 04107-877652 mail: Herrmann-Elmenhorst@t-online.de
www.silverhawks-whippets.de

von li.: Culann`s Elektra, Silverhawk`s Naomi, Silverhawk`s Naduah mit Ihren Kindern Olala, Opus One u. Olena Red, Silverhawk`s Lissy Foto: P.Hermann

Unser Zwinger besteht seit 1985 und wurde von Familie Saunus gegründet, er hieß damals Silvershadow`s und wurde 1993 in SILVERHAWK'S umbenannt.

2001 übernahm ich den Zwinger um weiterhin SILVERHAWK'S Whippets zu züchten, da Familie Saunus aus privaten Gründen nicht mehr die Zeit dazu hatte. Bis dahin fielen 13 Würfe. Familie Saunus hat freundliche, schöne und erfolgreiche Familienhunde (div. Champions für Schönheit und Leistung) gezüchtet und wir haben uns vorgenommen dieser Linie treu zu bleiben.

2002 fiel bei uns der N-Wurf (Culann`s Calimero & Silverhawk`s Lucy). Ihre Talente beweisen sie als Familienhunde und mit ihren Leistungen auf Ausstellungen und Rennen / Coursing (F.C.I. Europacoursingsiegerin `04, 2 Dt. Vizecoursingsieger`04, Nordcupsiegerin `04 und diverse andere Plazierungen und Siege).

Unsere Whippets leben von Anfang an mit bei uns in der Familie, haben Kontakt zu Kindern und werden wenn Sie alt genug sind auf kleinen Spaziergängen und -fahrten mitgenommen. Sie sind ruhige und ausgeglichene Hausgenossen, die im Freien viel Temperament zeigen. Wenn man den Whippet mit Liebe und Verständnis erzieht, ist er ein idealer Begleiter.

Druantia Whippets

Daniela und Ernst Zingg-Bucher, Doerflistr.16d, CH-8572 Berg,
Tel. 0041 71636 1738 email: e-d.zingg@bluewin.ch
www.druantia.ch

Daniela Zingg mit ihren Hunden Foto: M.del Sole

Whippets für Familie, Sport und Ausstellung. Ich ziehe alle ein bis zwei Jahre einen Wurf auf. Meine Zucht ist mit der Zertifikation CERTO DOG ausgezeichnet und ich bin bestrebt, gesunde und wesensfeste Hunde zu züchten. Die Welpen werden sorgfältig auf ihr weiteres Leben vorbereitet. Alle Hunde leben mit uns, im engen Familienkontakt und Rudelverband.
Schönheit und Leistung, ein Zuchtziel, das ich zu verbinden versuche.

Betty Barkley Whippets

Birte Nöding, Alter Berner Weg 69, D-22393 Hamburg
Tel: 040-6013111, Handy: 0172-8858900 mail: birte@bettybarkley.de
www.bettybarkley.de

Betty Barkley Banana Daiquiri und Ch. Betty Barkley Bitter Sweet Foto: Kramm

Meine Liebe zu den Whippets entdeckte ich 1996. Zwei Jahre später bekam ich meine erste Whippethündin und aus der Liebe wurde Leidenschaft. 2001 fiel der erste Wurf in meiner kleinen Hobbyzucht unter dem Zwingernamen BETTY BARCLAY. Besonderen Wert bei der Auswahl der Zuchtpartner lege ich neben Showqualität auf das Wesen und die Gesundheit.
Meine Welpen werden im Wohnzimmer mit Gartenauslauf aufgezogen. Dadurch sind sie sehr aufgeschlossen und familiär geprägt. Sie werden frühzeitig auf das Autofahren, den Kontakt mit anderen Hunden sowie die Leinenführigkeit vorbereitet. Aktuelles erfahren Sie auf meiner Website www.bettybarkley.de.

Moonlight Diamond Whippets

Heidi Herting, Auf der Schanz 17, D-47652 Weeze
Tel: 02837/962971 e.mail: heidi.herting@onlinehome.de
www.moonlight-diamonds-whippets.de/images

Familienidyll bei Moonlight Diamond Foto: D.Kuhmann-Herting

In unserer Familie leben zwei Kinder, vier Hundedamen und vier

Kaninchen. Jody, unser Hovawart, ist die Beschützerin der drei Whippets „Aila “, „ Dina“ und unserem Nachwuchs, Dinas Tochter „Beauty“. Dabei ist es allerdings nicht immer ersichtlich, wer gerade wen beschützt. Sie sind ein eingeschworenes Rudel und halten zusammen. Die Hunde sind voll in unserer Familie integriert, sehr menschenbezogen und selbstbewußt. Sie stammen aus exzellenten französisch- amerikanischen Linien.

Auch der jeweilige Deckrüde muß neben einer erstklassigen Abstammung, auch einen einwandfreien Charakter aufweisen. Wir machen im Jahr einen Wurf. Unsere Welpen wachsen bei uns im Hause und im Garten auf. Deshalb sind die Kleinen an alle Hausgeräusche und an das Familienleben gewöhnt.

Früh fangen wir mit der Sauberkeitserziehung an, daher sind die Welpen bei der Abgabe mit neun Wochen so gut wie stubenrein. Unsere Welpen sind sehr aufgeschlossen, neugierig und verschmust. Sie sind prima erziehbar. Bazooka Boy, einer unserer Whippets aus dem B-Wurf, hat schon erfolgreich die Begleithundeprüfung bestanden. Sie können nach telefonischer Absprache jederzeit unsere Hunde besuchen und sich ein Bild von ihnen machen. Gerne geben wir auch weitere Auskünfte.

Culture Pearls Whippets

Marion Kufferath, Carl-Benz-Str.14, D-65232 Taunusstein-Neuhof
Telefon: 06128-741423, Fax: 0611-303568
e-mail: zahnarzt-kufferath@t-online.de
www.culturepearls.de

Whippets bei Culture Pearls, Foto: Stefan Wagenpfeil

Ich habe eine kleine Liebhaberzucht dieser wundervollen Rasse Whippet unter dem Zwingernamen CULTURE PEARLS.. Es begann in 1999, als wir auf der Suche nach einem geeigneten Familienhund waren. Er sollte mittelgroß sein, kurzes Fell haben und nach Möglichkeit nicht nach Hund riechen. Aber das gab es doch gar nicht. Oder doch?

So kamen wir auf die Rasse Whippet und verliebten uns unsterblich auf den ersten Blick in unsere "Dunja", die kurz darauf bei uns einzog. Eigentlich war geplant nur einen Whippet zu halten. Doch diese Rasse faszinierte uns durch ihr einzigartiges Wesen und Eleganz immer mehr und unsere "Sucht" begann. Mit der Absicht zu züchten, zog dann ein Jahr später die zweite Whippethündin, unsere Betty bei uns ein. Mit ihr fiel nun auch 2003 der erste Wurf, aus dem ich mir eine Hündin behalten habe.

Zur Zucht und Haltung habe ich ganz klare Vorstellungen:
Durch gezielte Zuchtauswahl erhalte ich typvolle, wesensfeste, charaktervolle und gesunde Hunde mit standardgerechtem Exterieur. Dies bedeutet natürlich eine besondere Sorgfalt bei der Auswahl des Deckrüden. Ich möchte keine Hunde einfach nur vermehren und habe deshalb höchstens einen Wurf pro Jahr. Somit bleibt genügend Zeit für die Aufzucht der Welpen.

Zukünftige Welpenbesitzer brauchen manchmal etwas Geduld, dafür bekommen sie einen gesunden und gut sozialisierten Welpen.
Besonders wichtig ist viel Zeit und Liebe für die Welpen zu haben, sie richtig zu sozialisieren und auf viele Umwelteinflüsse vorzubereiten. Bei uns zuhause lernt der Welpe gleich den Umgang mit Kindern, anderen Hunden, verschiedene Dinge die es in Haus und Garten gibt (Staubsauger, Rasenmäher) u. v. m.

Die Prägung auf den Menschen steht auch im Vordergrund. Unsere Hunde leben in Haus und Garten, sind ständig mit uns zusammen und lernen von uns. Zwingerhaltung lehne ich ab!
Selbstverständlich stehe ich auch später mit Rat und Tat zur Seite und lege auch nach Abgabe der Welpen großen Wert auf den Kontakt zu den neuen Besitzern.

Falls Sie Interesse an einem Welpen aus meiner Zucht haben, oder sich einfach nur informieren möchten, sind Sie jederzeit herzlich willkommen.

Tumainia Whippets

Alexandra Bieri, Hochkreuzstrasse 4, CH- 9320 Arbon
Tel: +41/79-713 21 30 mail: alexandra@whippets.ch
www.whippets.ch

von links nach rechts Hera Tumainia vom Gründautal (Hera), Avalon Heaven can wait (Melo), CH. VDH Illuma of Liberty (Flo) und Celina
Foto: Michael Wintgen

Es ist schon sehr lange ein Traum von mir, Whippets zu züchten, und jetzt, nach 10 Jahren ist es so weit. Mein erster Wurf ist geplant, im Frühjahr 2005.

Wir haben die Rahmenbedingungen geschaffen. Ein schmuckes

Häuschen mit grossem Garten, Wintergarten oder Hundehaus, einfach optimal.

Ich möchte mit meiner Zucht bescheiden bleiben, d.h. alle 3 - 4 Jahre werde ich einen Wurf planen. Das heisst aber nicht, dass die Whippets auch bescheiden sein müssen, nein im Gegenteil. Ich versuche mein Zuchtziel Klasse statt Masse zu erreichen.

Sie sollen auch auf der Rennbahn, im Coursing, an Ausstellung oder im sonstigen Hundesport einen guten Eindruck machen. Sie dürfen auch einfach als Familienhunde geliebt und geschätzt werden. Denn das ist mir viel wichtiger, dass sie ein gutes soziales Verhalten haben und sich auch als Familienbegleithund integrieren können.

Jedoch das Schwierigste für mich wird sein: mich von den Welpen zu trennen. Dass ich die richtigen Begleiter für die Welpen ausgesucht habe, dass es ihnen genau so gut geht wie meinen eigenen Whippets, das wünsche ich mir von Herzen.
Freuen würde es mich, die kleinen Racker auf den Veranstaltungen zu treffen. Sei es an Coursings, Rennen, Ausstellungen oder sonstigen Hundeplätzen, egal ob als Aktive oder Zuschauer.

Zum Schluss möchte ich allen danken, die mir mit Rat und Tat zur Seite gestanden haben, allen voran Familie Lauper (Mühlehalde Whippets). Und ich freue mich schon heute, über neue Besitzer, die in der Zukunft einem TUMAINIA Whippet ein neues liebevolles Heim geben werden.

Crazy Runner's Whippets

Barbara Lani-Jung, Alte Dorfstr. 12, D-31832 Springe OT Alferde
Telefon/Fax: 05044/4138 mail:info@crazy-runner.de
www.crazy-runner.de

Liebe geht durch den Magen
von li.nach re.: Mary, Randy, Yoko, Speedy, Möppel und Motte.
Korrekt heissen sie: Crazy Runner's Tuffy Mary, Randy,Yoko Ono, Unikum, Charmeur und Xarah Lynn Foto: A. Lani-Jung

Auf einem Reiterhof in der Nähe von München begegnete ich meinem ersten Whippet. Es war nicht Liebe auf den ersten Blick, aber das tolle

Wesen dieser Hunde überzeugte mich restlos!

Wer erst einmal dem Charme eines Whippets erlegen ist, der kann sich seinem Zauber kaum mehr entziehen..
So bekam ich 1971 meine erste Whippethündin Bonnie, und bin dieser Rasse bis heute treu.

1981 habe ich meinen ersten Wurf gezogen. In den 23 Jahren als Züchter ist und war es mir immer wichtig, einen Hund zu züchten, der durch sein nettes, freundliches Wesen überzeugt und eine hohe Lebenserwartung hat, der mit Eleganz auf Ausstellungen vorzügliche Leistungen zeigt und auf der Rennbahn mit vollen Einsatz seinen Hetztrieb auslebt.

Meine Hunde leben mit uns in der Familie, sie haben überall Zugang. Durch sein sensibles Wesen braucht der Whippet den vollen Familien-anschluss, für die Zwingerhaltung ist er nicht geeignet.

Der Whippet hat im Haus Ähnlichkeit mit einer Katze. Er schläft gern und viel an warmen Orten, riecht nicht nach Hund und ist ein eher ruhiger Mitbewohner.

Ganz anders auf der Rennbahn, dort machen sie ihrer Freude an der Jagd lauthals kund und laufen mit vollem Ehrgeiz dem künstlichen Hasen hinterher.

CRAZY RUNNER'S Welpen wachsen in der Meute mit auf, die erwachsenen Hunde haben jederzeit Zutritt zur Wurfkiste und zum Welpenzimmer und können mit den Welpen spielen.

Besucher sind nach vorheriger Anmeldung herzlich willkommen.

Sinnocence Whippets

Anne Catherine J. Müller-Herman, Wacholderweg 1, D-71254 Ditzingen
Fon: 07156/180-720 eMail: anne.catherine@sinnocence.net
www.sinnocence.net

Séraphine und Avoine
Photo: Anne Catherine Müller-Hermann

„Auf den Hund gekommen" bin ich bereits im Kindesalter. Soweit ich denken kann, hielt meine Familie Hunde. Vor einigen Jahren dann

verliebte ich mich an einem lauen Sommertag in einen sandfarbenen Whippet, den ich beim Spazierengehen im Park traf.
Von der freundlichen, anschmiegsamen Art und dem grazilen Äußeren dieses Hundes war ich sofort begeistert – und das ist auch heute noch das, was mich an Whippets fasziniert.

Seit 2000 beschäftige ich mich mit der Zucht von Whippets und obgleich noch nicht so lange dabei, habe ich eine sehr genaue Vorstellung davon, wo ich züchterisch hin will. SINNOCENCE Whippets sind aufgeschlossen, clever und familienerprobt - einfach Hunde für alle Lebenslagen.
Doch nicht nur allein sorgfältig ausgesuchte Hundeeltern lassen einen Welpen zum angenehmen Begleiter werden – eine optimale Aufzucht und Prägung ist hierfür genauso Voraussetzung. Es ist mir wichtig den Welpen einen optimalen Start zu geben und sie möglichst gut auf ihr zukünftiges Leben vorzubereiten.

Der Whippet ist ein vielseitiger und unproblematischer Hund und passt sich vielen Lebenssituationen an. Für meine Welpen wünsche ich mir verantwortungsbewusste Menschen, die bereit sind, sich auf das „Abenteuer Whippet“ einzulassen und ihn als vollwertiges Familienmitglied aufzunehmen.

Sie interessieren sich für meine Zucht? Rufen Sie mich an oder kommen Sie einfach mal vorbei. Mehr Informationen über mich und meine Hunde finden Sie auch auf meiner Internetseite www.sinnocence.net.

Vom Lorenzer Reichswald Whippets

Doris Kupke, Gleißhammerstr. 125 c, D-90480 Nürnberg,
Tel. 0911/5430365
Fax 0911/5409856 E-mail DorisKupke@gmx.de
www.wcd-online.de/zuechter/lorenzer

Viel zu spät kamen wir zu unseren Traumhunden, den Whippets
Foto: Klaus-Dieter Kupke

Im Osten Nürnbergs, in der Nähe des Tiergartens, von großen Auslaufgebieten umgeben, sind wir zuhause: zwei Whippets, eine 13-jährige Zwergpudelhündin, eine Katze sowie einige Kleintiere.

Komplett wird unsere Familie duch vier Zweibeiner, die sich um das Wohlergehen der tierischen Mitbewohner kümmern.

Whippets VOM LORENZER REICHSWALD gibt es seit 2003, in diesem Jahr fiel unser erster Wurf. Seither gibt es ein-, höchstens zweimal im Jahr Nachwuchs, denn wir wollen uns intensiv um die Kleinen kümmern und ihnen einen guten Start ins Leben ermöglichen, gerne begleitet von ihren zukünftigen Menschen.

Whippetfreunde und solche die es werden wollen, sind uns jederzeit nach Voranmeldung herzlich willkommen.

Of Good Family Whippets

Hilde Krieger/Ludwig Küper, Johannisburger Str. 19a, D-44793 Bochum
Tel. : 0234/9629986 eMail: lkueper@web.de
www.good-family.de

Iron Heart (mitte) und Indiana Jones (blau) kurz nach dem Start
Foto: Claudia Hoppe

Die Zuchtstätte OF GOOD FAMILY existiert seit 1978. Unser Zuchtziel ist ein sportlicher Familienhund, den man auch getrost in der Gebrauchshundklasse ausstellen kann.

Abgesehen davon, dass wir auch nach den langen Jahren immer noch der Faszination der Windhundrennen erliegen, sind wir der Überzeugung, dass nur eine vorrangig leistungsbezogene Zucht von Rassehunden diese auch langfristig gesund erhält.

Aber Schnelligkeit alleine macht noch keinen Whippet, wie wir ihn uns vorstellen. Da Whippets bei einer Lebenserwartung von mindestens 12 Jahren nur ca. 2 Stunden ihres Lebens damit verbringen, hinter einer Attrappe herzurennen, ist es uns mindestens genauso wichtig, dass die Hunde nervenstark, selbstbewusst und freundlich sind.

Und da man die Hunde jahrelang jeden Tag um sich hat, sollen sie auch dem Auge noch etwas Erfreuliches bieten, wobei im Gegensatz zum Sprichwort festzustellen bleibt, dass Liebe nicht blind, sondern sehend macht.

Für Familienhunde nach unserer Meinung ganz wichtig: Alle GOOD FAMILY Whippets werden im Haus groß und haben von Anfang an Kontakt mit Kindern bzw. Kleinkindern gehabt, früher mit Hildes eigenen und später mit der Verwandtschaft von nebenan.

Unser bisher erfolgreichster Wurf ist der I-Wurf, der im Durchschnitt leider auch zu groß geraten ist. In diesem Jahr ist kaum ein Wochenende vergangen, an dem nicht mindestens einer ein Rennen oder Coursing gewonnen hat. Da wir zwei Hunde aus dem Wurf behalten haben, wissen wir allerdings auch, wie sie im Alltag sind. Sie kommen da sehr nach ihrer Mutter, und Fairytale war für uns der Whippet, den wir immer schon haben wollten. Da ist die Übergröße nach unserer Meinung ein relativ geringer Preis. Wir werden uns aber bemühen, das in den Griff zu bekommen, denn ein Großteil der Faszination von Whippets beruht ja gerade auf der Tatsache, dass sie nicht nach furchtbar viel aussehen - aber wehe, wenn sie losgelassen.

Selbstverständlich ist es für uns, den Käufern unserer Hunde jederzeit mit Rat und Tat zur Seite zu stehen, soweit unsere eigene Erfahrung reicht.

el Schiras Whippets

Bernd-Michael Rahms, Clara-Zetkin-Straße 14, D-06803 Greppin
Fon.: 03493-9290410 Fax.: 03493-9290411 el.Schiras@freenet.de
www.whippet-breeder.de

Multichampion und DWZRV Coursingsieger Gidron el Schiras, Foto: Robertro

Der Kennel EL SCHIRAS verspricht keine Welt-und Europasieger, aber gesunde, lebensfrohe und langlebige Whippets. Nach mehreren

Afghanenwürfen fiel unser erster Whippetwurf im Jahre 1985. Von Beginn an bestand unser Ziel darin, sehr leistungsfähige und gleichzeitig dem Rassetyp entsprechende Whippets zu züchten, die sich durch ein gutes Sozialverhalten auszeichnen.

Wir begründeten unsere Zucht durch überlegte Verpaarungen von Whippets welche sowohl aus bevorzugten Renn- als auch Showlinien stammten. Die bis jetzt erzielten Erfolge zeigen, dass diese Überlegungen richtig waren und bestärken uns darin, diese Richtung auch weiterhin zu verfolgen.
Wir freuen uns, dass unsere vierbeinigen Lieblinge bei Titelrennen im Finale mitlaufen können, dass sie schon mehrfach die Qualifikation schafften, unser Land bei Welt-und Europasiegerrennen zu vertreten, ganz besonders stolz sind wir jedoch darauf, dass genau diese Hunde auch gleichzeitig im Ausstellungsring bestehen, so dass einige von ihnen Internationaler Schönheitschampion, Champion im europäischen Ausland, Clubsieger verschiedener Länder, Deutscher Klubchampion, VDH-Champion, Rennchampion, Champion für Schönheit und Leistung, Coursingchampion, DWZRVSieger, Verbandssieger, Verbandsjugend-sieger,Landesrennsieger, Landessieger oder Landesjugendsieger sind.

Unsere Whippets leben in der Familie und verstehen es immer wieder Mittelpunkt zu sein. Hier werden aus den kleinen Energiebündeln der Rennbahn verschmuste, angenehme Hausgenossen, welche uns auch nach den vielen Jahren immer wieder aufs Neue durch ihre Induvidualität und Liebenswürdigkeit begeistern.

Wer sich für einen Whippet aus unserer Zucht entscheidet, muß bereit sein, mindestens die nächsten 15 Jahre seines Lebens mit ihm zu teilen, ihn nicht als unterwürfige Kreatur, sondern als Partner zu betrachten, welcher ihm dann wiederum unendlich viel Liebe und Vertrauen. entgegenbringt und wie ein kleiner Kobold immer für eine Überraschung gut sein wird. Auf diesem Wege möchten wir natürlich unsere Hundekinder begleiten und stehen deshalb gern mit allen neuen Besitzern im Kontakt, meist sogar ein ganzes Hundeleben lang, oder zwei, oder drei.

Of Giant Couseway Whippets

Marietta Birr, Hauptstr. 13, D-39356 Siestedt
Tel: 039061-41450 Fax: 039061-41451 mail: m.birr@t-online.de
www.of-giant-couseway.de

Drei meiner Lieblinge Foto: M.Birr

Whippets aus der Zuchtstätte OF GIANT COUSEWY sind ideale Begleiter und liebenswerte Familienmitglieder.

Unser Bestreben ist immer familientaugliche, fröhliche und gesunde Whippets zu züchten. Fürsorgliche Aufzucht unserer Welpen steht an oberster Stelle. Unseren Welpenbesitzern stehen wir immer mit Rat und Tat zur Seite. Urlaubspflege ist selbstverständlich.

Wir bevorzugen neue Besitzer für unsere Whippetkinder, die

- unsere Welpen als Familienmitglieder aufnehmen möchten.
- wissen, dass ein Whippet auch Erziehung und Pflege braucht.
- unsere Whippetkinder bis ins hohe Alter als Freunde begreifen.

Unsere Welpen werden im Haus geboren und wachsen die ersten Wochen in unserer unmittelbaren Umgebung auf. Sobald sie können und möchten, haben sie freien Zugang in den Hof und Garten. Der erste Kontakt zu den erwachsenen Whippets findet so früh als möglich statt, um den Welpen eine natürliche Sozialisierung zu ermöglichen.

Bei der Abgabe sind unsere Welpen mind. 6 x entwurmt., gegen SHLPPi geimpft, gechipt. Der Besitzer erhält ein „Futterpaket“, Spielzeug und Kauknochen für seinen Welpen und eine Welpenfibel als Rüstzeug mit auf den Weg.

Interessenten sind herzlich eingeladen uns und unsere Whippetwelpen nach vorheriger telefonischer Absprache zu besuchen. Neuigkeiten erfahren Sie auf meiner website.

Vom Badenermoor Whippets

Silvia und Wolfgang Belau, Sulinger Landstr. 28a, D-27211 Bassum,
Tel. 04241/979891, Fax 04241/979892
email: s-w-belau@t-online.de
www.vom-badenermoor.de

Zuchtgruppe vom Badenermoor Foto: Christoph Sieber

Unser erster Whippetwurf fiel im April 1991, mittlerweile sind wir beim G-Wurf angelangt. Wie Sie sehen fällt in unserem Zwinger VOM BADENERMOOR nur ab und zu ein Wurf.
Unsere Welpen wachsen im familiären Bereich, zusammen mit allen Rudelmitgliedern (Hund, Katze, Pferde und natürlich Menschen) auf. Schon früh erlernen sie ein soziales Verhalten innerhalb der Meute und können so bestens vorbereitet Ihr Leben als Whippet in Angriff nehmen.
An Rennen, wobei unsere Hunde aus physiologischen Gründen nur auf Sandbahnen laufen, nehmen wir im In- und Ausland mit gutem Erfolg teil und sind so über die europäische Rennszene gut informiert.
Wir sind bemüht einen standardgerechten, sportlichen Whippet zu züchten, was uns bis jetzt auch gelungen ist, denn unsere "Moorteufel" sind schnell und können leistungsorientiert ebenfalls mit Erfolg ausgestellt werden.

Wir beraten unsere Käufer und stehen mit Rat und Hilfe zur Verfügung. Wenn Sie mehr über uns erfahren möchten, dann sind Sie eingeladen uns auf unserer website oder vor Ort zu besuchen.

Schluss

Mit diesem Büchlein eröffne ich die Vorstellung der Rasse und der engagierten Züchter. Whippetzucht ist eine spezielle Liebhaberei und so soll es auch bleiben, denn nur wer die echte Liebe zu den Tieren empfindet und das notwendige Verantwortungsgefühl besitzt, wird auch die moralische Verpflichtung auf seine Fahnen schreiben, die sowohl der Rassehundezucht und den Whippets als auch den späteren Käufern zugute kommt.

Die Darstellungen der Züchter zusammen mit den Fotos ihrer Whippets beschreiben m.E. treffend die jeweiligen Präfenrenzen der einzelnen Zuchtstätten. Das kann den geneigten Leser auf die richtige Fährte bringen. Weiterführende Informationen finden Sie zu den einzelnen - Anzeige -n auf den angegebenen Webseiten.
Jeder ernsthafte Welpeninteressent wird bei den Züchtern willkommen sein. Also scheuen Sie sich nicht, die Züchter zu besuchen und sie persönlich und ihre Whippets kennenzulernen.

In eigener Sache

Als weiterführende deutschsprachige Literatur zum Whippet verweise ich auf mein Buch "Whippets – einer ist nie genug", ISBN 3-8330-0137-2, das 2003 erschienen ist und auf der website www.whippet.de bestellt werden kann.